KB116263

ADHD 청소년의
몸 따로 마음 따로 경험이야기

ADHD 청소년의
몸 따로 마음 따로 경험이야기

Stories of ADHD Teenagers

오영림 저

학지사

❀ 머리말 ❀

이 책은 주의력결핍 과잉행동장애(ADHD)를 직접 경험하고 있는 청소년의 이야기를 생생하게 담아내려고 했다. 흔히 보통 사람들이 ADHD를 경험하는 청소년들을 바라볼 때 증상이라고 생각하는 주의력결핍, 과잉행동, 충동성, 타인에 대한 공격성 등에 대해서 일반인의 시선이 아닌 ADHD 청소년들 자신의 체험을 이야기하고 있다. 기존의 ADHD 관련 책들이 이들에 대한 관찰이나 지식의 부분을 담았다면, 이 책은 청소년들 자신의 경험이야기를 통해 ADHD를 어떻게 느끼고 체험하는지 소개하고 있다.

이 책은 수년간 ADHD 청소년들을 상담하고 집단상담을 진행해 온 연구자의 탐색적 연구에서 시작되었다. 병리적 관점에서 ADHD 청소년들을 바라보고 치료 프로그램을 진행하던 연구자는 인터뷰에 참가하고 함께 연구를 만들어 간 청소년들의 이야기를 들으며 스스로 깊은 혼란을 느꼈고, 동시에 반성을 하는 계기가 되었다. 기존의 연구자가 해박

하게 알고 있다고 생각한 의료적 지식을 내려놓고, 판단 분별없이 ADHD라고 불려 왔던 그들의 삶에서 무엇을 경험하는지 탐구하려고 노력했다. 현상학이라는 철학적 관점을 유지하며 ADHD 청소년들의 경험의 본질이 무엇인지 탐색했다. 현상학은 학문적 가설이나 설명을 배제하며 하나의 현상을 판단하지 않고 바라보아 현상의 본 의미를 찾는 학문이다.

ADHD 증상에 대한 ADHD 청소년들 경험의 본질은 '몸하고 마음하고 따로' 노는 경험이다. ADHD 청소년들은 주변의 자극이 걸러지지 않고 한꺼번에 자신에게 들어옴을 경험한다. 이처럼 주변의 자극적인 정보가 한꺼번에 들어와 본인 스스로도 몸을 제어하기 힘든 상태를 표현하고 있다. 또한 스스로 집중을 못하는 것이 아니라 한곳에 치우쳐서 집중함을 경험한다. 이는 상황과 관계를 인지하는 과정에서 부정적인 경험을 만들고 심리적으로 불안해 안정이 되지 않아 또 다른 '몸 따로 마음 따로'가 반복되는 악순환을 만든다. ADHD 청소년들의 악순환적인 인지 과정은 대인관계에 필요한 상황에 대한 공감력과 상황을 조망하는 능력도 어렵게 한다. 즉, 아동기에 문제 증상이라고 다른 사람에 의해 못 박혔던 주의력결핍, 과잉행동, 충동성이 청소년기와 성인기를 거치면서 부정적인 자기인식, 대인관계의 어려움, 사회생활의 어려움 등으로 확대된다.

ADHD 문제에 대한 가장 적절한 개입은 그들을 정확하게 이해하는 것이다. ADHD 청소년들의 행동을 '증상'이라고 부르고 문제행동을 수정하기 이전에 그런 상황에 대해 ADHD 청소년들의 입장에서 정확하게 아는 것이 우선되어야 한다. 강점을 이해하는 것은 어려운 환경이라는 여건 속에서도 잘 살아가기 위한 레질리언스(회복력)를 강화할 수 있는 것처럼, ADHD 청소년들이 그들의 주의집중 문제로 인한 어려운 여건 속에서도 버틸 수 있었던 요소를 강화해야 한다. ADHD 청소년들이 그들의 행동을 통해 적응에 필요한 요소를 수용하고 변화를 위한 동기유발을 만든다면, ADHD 청소년들이 스스로 가지고 있는 강점을 발휘할 수 있게 된다. 나아가 그들의 어려움이 사회적 차별이 되지 않도록 그들을 진정으로 이해하는 자세가 우선되어야 한다.

이들에게서 '나는 몸 따로 마음 따로를 경험해요.' '몸 따로 마음 따로가 이런 생각을 만들어요.' '몸 따로 마음 따로 경험이 다음과 같은 상황을 만들어요.'라는 이야기가 나왔다. 이를 통해 일화와 관련된 내용은 다음과 같이 'ADHD, 세상을 보는 또 다른 시선' '내면에서 일어나는 혼란, 넌 아니' '대인관계 속에서 꿈틀대는 남다른 생각' '나에게도 성장은 일상적인 일, 남다른 관점이 필요할 뿐이야'라는 주제로 구성하였다. 각각의 장은 각 장의 내용에 대한 저자의 이야기로 시작하고, 자칫 건조해 보일 수 있는 증상에 대한 설명

을 넘어 좀 더 깊은 이해로 나아갈 수 있도록 실제 ADHD 청
소년들의 진술을 통해 그들의 경험에 대해 이야기하였다.

　이미 ADHD 아동 및 청소년의 치료적 개입에 대한 많은
서적이 출간되어 있으므로 여기서는 ADHD 아동의 과잉행
동과 일상생활의 훈육에 필요한 개입보다는 청소년 이후 사
회 적응의 불안한 요소가 되는 피해적인 생각과 거기에 수
반되는 감정의 문제에 대한 개입에 대해 주로 다루었다.

2021년 5월
오영림

❀ 차례 ❀

05

06

01

몸 따로 마음 따로 주인공

[사람을 꽃으로 대하기]

김춘수 시인은 〈꽃〉이라는 시를 통해 하나의 '존재'를 있는 그대로 받아들이는 과정에 의해서 '의미 있는 그 꽃'이 됨을 이야기하고 있다. 길가에 피어 있는 꽃들은 그냥 흐드러지게 피어 있는 존재일 뿐이지 '그 꽃' 자체는 아니다. 그 꽃이 되기 위해서는 '그 꽃이 존재하는 가치'부터 깨달아야 한다. 다시 말하면, 하나의 대상이 있는 그대로 존재하기 위해서는 그 대상이 가지고 있는 본질의 가치를 알아가는 과정이 필요하다는 것이다.

또한 인간 개개인의 가치를 깨닫고 ADHD 청소년들이 스스로 자신의 참 존재의 의미를 찾아가는 것에 바탕을 두어야 한다. 따라서 ADHD 청소년들의 개입에 있어 그들이 남과 다르다고 느끼는 '몸 따로 마음 따로'의 경험을 이해하고 그들 스스로 참 존재의 가치를 찾도록 하는 관점이 우리 모두에게 필요하다.

일반적으로 ADHD 청소년들의 행동에 대해서 고의성이 있다는 선입견을 가지고 있다. 이러한 생각은 ADHD 청소년들을 점점 고립되게 만든다. 이들에 대한 잘못된 이해를 걷어 내고 ADHD 청소년들의 행동을 있는 그대로 바라보는 과정에서 증상과 행동에 대한 본질적 이해인 '몸 따로 마음 따로'가 시작되었음을 알 수 있었다.

'몸 따로 마음 따로'임을 이해하는 과정

'주의력결핍 과잉행동장애(ADHD)'라는 꼬리표와는 다르게 그들의 행동이 '몸 따로 마음 따로'임을 이해하는 과정은 좀 다르다고 할 수 있다. 그들의 이야기에 비추어 보면, ADHD 청소년들은 끊임없이 밀려오는 정보의 자극 속에서 살아남고 적응하기 위해 노력하는 사람들이다. 타인들이 보기에 부적절해 보일 수 있는 방법이지만, ADHD 청소년들은 상황 대처에 서투름을 모면하기 위해 더 분주해야 했고 사람들과의 대화에 끼기 위해 말을 더 많이 해야 했다. 우리

는 진정으로 그들의 노력에 대해 이해하려는 태도를 가졌는
지 반성해 볼 필요가 있다.

최근의 연구를 보면, ADHD 문제가 뇌의 기질적 기능장
애에 의한 것이라고 이야기한다. 또한 거기에 반하는 일부
사람들은, 그것은 장애가 아니라 오히려 재능이라고 주장하
기도 한다. 저자는 이와 같은 의견에 대해 ADHD 청소년들
을 심각한 정신장애로 몰아가는 것을 반대할 뿐만 아니라,
그들의 행동을 재능으로 여기고 약물 사용을 전적으로 금하
는 것도 반대한다. 즉, ADHD 청소년들은 '몸 따로 마음 따
로'의 요인인 자극을 받아들이는 지각과 인지 능력에 있어서
어려움을 호소하고 있다.

하지만 그런 어려움은 심각한 정신과적 질환이라는 사회
적인 색안경을 끼고 바라봐야 하는 차별은 아니라는 것이
다. 이 책에서는 9명의 청소년을 심층 인터뷰한 내용으로 이
야기를 풀어 가고 있다. 비슷한 주제에 대한 개인의 이야기
를 담다 보니 다소 이야기의 흐름이 분절적으로 연결되나
그것은 이야기를 최대한 반영하기 위한 저자의 노력임을 너
그러운 마음으로 양해를 구한다.

🤍 자신의 ADHD 경험이야기를 진술하게 들려준 주인공 소개

시나리오 쓰기를 좋아하는 소녀

긴 생머리를 자랑하는 16세 소녀이다. 인터뷰 내내 자신이 드라마나 소설 속의 한 주인공이 된 듯 자신의 이야기를 담담하게 전개해 갔다. 자신의 '몸 따로 마음 따로' 경험으로 초등학교 때 '왕따 경험'을 모질게 당했다. 집에서는 세 자매의 장녀로, 엄마와의 관계도 좋지가 않다.

초등학교 때의 왕따 경험과 부산하고 산만한 행동 등이 중학교 생활에서도 친구 간의 갈등을 만들어 내고 있었다. 과거부터 축적되어 온 적개심이 충동성과 맞물려 퍼져 나오면 그녀 스스로도 상상할 수 없었던 분노의 힘이 터져 나왔다. 학급에서 자신이 무시당하지 않으려면 무사처럼 힘을 길러야 한다는 생각에 복싱 배우기를 갈망하는 소녀이다.

이 소녀의 주된 특징은 자신의 기분을 나쁘게 한 대상에 대해 상상의 시나리오를 펼치기이다. 항상 극의 종말은 상대방을 무시무시한 방법으로 복수하는 것으로 결말이 난다. 어떤 이야기이든 사실보다 더 사실스럽게 전달하는 능력이 있으나, 현실에서는 감정표현이 많이 미숙하다고 자신을 소개했다.

마음과 마음이 통하는 대화를 갈망하는 소녀

사람과의 관계를 소중하게 생각하는 15세 소녀이다. 이 소녀는 유명한 록 그룹의 리더를 좋아해서 방과 후에는 스타의 사생활을 따라다니는 '사생동아리'의 회원이기도 하다. 친구와의 진솔한 관계를 갈망하면서도 막상 친구가 잘 대해 주면, '이 아이는 나한테 왜 잘해 줄까?' 하며 쉽게 마음을 열지 못하고 자기 스스로 그런 마음에 괴로움을 호소한다. 친구와의 관계에서 은근히 따돌리는 것을 경험한 적이 많으며 본인 스스로 친구 사귀기가 서툴다고 말한다. 무언가 의미 있는 일을 하면 자신에 대한 '자존감'이 올라갈 것 같다고 하며, 학생으로서 봉사할 수 있는 자원봉사를 구청 자원봉사센터에 신청하기도 했다.

직장생활을 하시는 어머니는 딸의 일이라고 하면 물심양면으로 돕지만, 소녀와 정서적 관계를 유지하는 것은 새삼스러우니 쑥스럽다고 표현하신다. 아버지는 주말에만 오셔서 소녀 역시 아버지께 다가가는 것에 거리감을 느낀다. 오빠는 막내인 소녀에게 상당 부분 양보하는 편이고 상황에 맞는 직설적인 조언도 하는 편이다. 소녀는 오빠에 대해 고마운 마음과는 달리 상대적으로 자신이 오빠와 비교된다는 생각을 동시에 갖는다고 한다. 소녀는 아이들을 좋아하며, 장래에 유아교육을 전공하고 싶은 마음이 있다.

수학과 햄버거를 좋아하는 소년

어른스럽게 이야기하는 코밑에 콧수염 자국이 까맣게 나 있는 17세의 남학생이다. 현재 자신의 상황을 옛날에 비해 많이 좋아졌다고 말을 하면서 담담하게 회고하듯이 이야기를 전개했다. 빨리 병원에 데려와 진단과 치료를 받게 해 준 부모님께 고맙다고 이야기하는 것으로 봐서 약물에 대한 반응과 상담이 이 소년에게 긍정적인 영향을 미쳤음을 알 수 있었다.

친구관계보다는 혼자서 고난이도의 수학문제를 푸는 것을 좋아한다고 하며, 어려운 수학문제를 풀었을 때 세상을 다 가진 기분이라고 표현했다. 소년의 말에 의하면, 자신보다 기가 센 두 살 위의 누나가 있으며 매사에 꼼꼼한 누나가 본인에게는 부모님보다 더 큰 스트레스 대상이라고 표현한다.

생각이 많고 기발한 상상을 좋아하는 소년은 중학교 때는 다소 엉뚱하다는 말을 들었으나, 요즘은 그런 상황이 되면 '내가 또 그러는구나.' 하며 자각하려 노력한다고 한다.

소년은 햄버거를 너무 좋아한다고 말하며, 저자와의 면담 때 면담실 건너편에 본인이 좋아하는 햄버거 가게가 있어서 오는 동안 즐거웠다고 한다. 저자에게 햄버거를 후원받기도 했는데, 자신의 별명을 '햄버거보이'라고 불러 달라는 다소 어수선하지만 상대방에게 즐거움을 주는 장점을 가진 소년이다.

어린 나이에 세상을 통달한 도사 같은 대학생

대학교 1학년인 이 학생은 초등학교 시절에 학교에서의 부적응 문제를 경험했다. 부모님이 좀 더 자유로운 분위기에서 학교 다니기를 권장하여 중학교 때 호주로 유학을 갔다. 혼자서 유학을 간 학생은 적응의 실패로 우울증을 경험하고 비행행동을 접하게 됐다. 이후 한국으로 다시 돌아와 재활치료 전문기관에서 생활하며, 검정고시를 봐서 사회복지학과 1학년생이 되었다고 한다. 자신에게 ADHD가 있다는 것을 나중에 알게 되었으며, 사실을 알고 나니 자신이 왜 그렇게 인생을 헤맸는지 명확하게 알 수 있었다고 이야기했다.

사회복지 분야 중 청소년 복지를 전공하고 싶다는 이 학생은 자신처럼 암울한 청소년기를 보내는 아이들에게 등불이 되는 사람이 되고 싶다고 표현했다.

머리가 큰 핸디캡을 극복한 눈이 예쁜 남학생

17세인 남학생은 초등학교와 중학교 때 자신의 과잉행동과 주의산만 문제와 함께 눈에 띄는 뚱뚱한 몸과 큰 머리 크기로 외모에 대한 놀림을 많이 받았다.

초등학교 때의 친구들이 같은 중학교로 올라가 학교 적응에 힘듦을 경험한 아들을 보고, 어머니는 다른 동네로 이사 가서 아무도 자신의 아들을 모르는 고등학교에 전학하기로 결단을 내렸다. 전학 간 학교에서 담임선생님과의 주기적인 상담을 통해 마음의 문을 열게 됐다. 담임선생님은 다른 아이들이 놀리는 것을 자신에 대한 관심의 표현일 수 있다고 재해석해 주고, 실제로 다른 친구와 그 문제로 이야기할 수 있는 기회를 제공해 줬다.

여전히 산만하고 친구들과의 관계에서 자신만 뒤처진다는 생각을 가지고 있지만, 같은 동네에 사는 학급 친구들과 농구와 게임 등을 하며 어울려서 새롭게 친구 사귀는 재미를 배워 나가고 있다고 한다. 요즘에는 교회의 동아리 활동도 하고 있는데, 그곳에 가면 형, 누나들이 있어서 누구랑 함께 한다는 소속감을 느낄 수 있어서 좋다고 표현한다.

학교에 적응을 못할 때는 엄마가 공부는 못해도 좋으니 학교만 빠지지 말라고 했는데, 이제 학교를 잘 다니니 은근히 학교 성적을 올리라는 엄마의 무언의 압력이 느껴진다고 큰 눈을 '껌벅'거리며 이야기했다.

스스로 잘 커 준 것을 대견하게 생각하는 대학 새내기 여학생

올해 대학 새내기가 되는 18세 소녀이다. 자기 스스로를 잘 커 줬다고 이야기하는 조금은 부산스러운 학생이다. 저자에게 자신을 좀 부산스럽다고 표현하면서 매우 빠른 말로 이야기했으며, 본인이 자각하고 "아! 제가 또 빨리 말을 했군요."라는 말을 했다. 면담의 취지를 듣고 자신의 경험을 현실감 있게 잘 전달해 주려고 성심성의껏 노력했다.

자신의 아빠도 자기처럼 부산스럽고 엉뚱해서 엄마가 이

들 부녀 때문에 잔소리를 많이 하게 된다고 이야기했다. 그리고 여학생은 자신에게 특별히 많은 문제가 있다고 생각하지는 않는다며, 이 정도면 잘 큰 것이 아니냐고 반문했다. 이 소녀 역시 중·고등학교, 특히 중학교 때 자신의 과잉행동과 주의집중 문제로 나름 학교에서 힘듦을 경험했지만 특유의 낙천적인 성격으로 극복했다고 한다. 자신의 단점이 있다면 친한 친구에게 마음을 잘 표현하지 못하고 오히려 함부로 대하는 것인데, 그래도 자기 곁에 붙어 있는 친구들을 고맙다고 말하면서 기회가 되면 친구들에게 자신의 마음을 '찐하게' 표현하고 싶다고 했다.

비 오는 날 걷기를 좋아하는 멋진 뿔테의 남학생

비 오는 날 인터뷰를 하게 되어 번거롭지 않냐는 저자의 물음에 갈색 뿔테를 쓱 올려 쓰면서 "이런 날씨를 좋아한다." 라고 표현하는 15세의 남학생이다. 자신의 왜소한 체구로 인해 학교에서 덩치 큰 애들한테 당한다고 표현했다.

ADHD로 진단받은 후 인터넷으로 이 질환을 검색해 본 적이 있으며, 인터넷 검색에서 나온 내용이 자신과 상당 부분 유사하다고 말했다. 병원에 올 때 학교를 조퇴하는데, 조퇴할 때마다 친구들에게는 말하는 게 꺼려진다고도 덧붙여 이야기했다.

자신과는 별로 의사소통을 하지 않는 아버지와 세 살 된 여동생을 돌보는 엄마는 자신에게 관심이 없는 것 같다고 표현하면서 마음이 울적하거나 학교에서 혼나는 일이 있는 날에는 동네에 있는 대형 점프장을 찾는다고 했다. 점프장에서 천장에 닿을 정도로 높이 뛰다 보면 머리가 맑아지고 기분도 좋아진다고 이야기했다.

요즘 최대의 고민은 공부를 잘하고 싶다는 것과 몸을 단련해서 다른 애들이 함부로 못 덤비게 만드는 것이라고 했다.

동생에게 끝까지 의리를 지켜 주는 멋진 남학생

인터뷰 내내 저자와 눈맞춤을 안 하다가 끝내 울분을 참지 못했던 14세 남학생이다.

현재 자신은 매우 혼란스러운 상태라고 말하며, 학교에서의 힘든 상황과 집에서의 스트레스 상황을 이야기했다. 부모님이 이혼을 하고 어머니와 두 살 터울의 남동생과 함께 사는 이 학생은 가장 많이 스트레스를 받는 원인으로 엄마 앞에서 얍삽하게 구는 동생을 뽑았다.

자기표현이 힘들고 중학교 생활의 혼란스러움을 이야기하던 학생은 "도무지 뭐가 뭔지 모르겠다."라며 울음을 터뜨렸다. 엄마가 고생하는 게 미안한데, 자신은 매일 사고만 친다는 이야기와 공부를 열심히 하고 싶지만, 정말 집중이 안 된다는 이야기를 하여 저자를 잠시 치료자의 길에 빠지도록 유혹을 주었던 학생이다. 그래도 중학교에 와서 유일하게 사귄 듬직하고 믿음직스러운 친구 이야기를 할 때는 얼굴 표정이 밝아졌다.

마지막으로 비록 자신에게는 얍삽한 동생이지만 동생이 밖에 나가서 다른 아이들에게 맞고 다니는 건 싫다고 하며, 동생과의 의리를 위해 동생 친구를 혼내 준 이야기를 할 때는 '표현하는 것은 힘들지만 마음이 참 따뜻한 학생이다.'라는 생각이 들었다.

집에서 쓰레기 분리수거를 담당하는 남학생

"뭐 할 때가 제일 좋니?"라는 저자의 질문에 그냥 자기 방에서 우두커니 앉아 있을 때가 마음이 제일 편하다고 이야기하는 13세의 남자 중학생이다. 인터뷰 내내 '네.' '아니요.' 등 단답식으로만 말을 해서 저자의 애간장을 녹인 학생이지만, 적절한 순간에 매우 유용한 자신의 경험을 잘 표현되지 않는 어눌한 말로 이야기해 주었다.

자신이 실수투성이이고 뭐 하나 제대로 하는 게 없어 할머니가 '헐랭이'라는 별명을 지어 줬다는 학생은 그 별명에 대해서도 무덤덤한 태도로 이야기했다. "왜 혼자서 우두커니 앉아 있는 게 제일 좋니?"라는 질문에 다른 사람의 간섭을 안 받아도 되고, 누구의 눈치를 안 봐도 되며, 긴장하지 않아도 돼서 좋다고 이야기했다. 겉으로 무덤덤하게 보이는 학생의 내면에 표현되지 않는 생활의 긴장감을 느낄 수 있었다.

"주말에 무엇을 했니?"라는 질문에 집에서 쓰레기 분리수거를 했다고 말하며, 아버지가 자신에게 칭찬을 해 주시고 피자도 사 주셨다며 좋아했다. "아버지가 칭찬한 게 더 좋

니? 피자를 먹어서 더 좋니?"라는 긴장을 완화하기 위한 저
자의 질문에 잠시 고민하더니 피자가 더 좋다고 말하며 쑥스
러운 듯 웃는 표현되지 않는 마음이 더 고운 남학생이었다.

02

ADHD, 세상을 보는 또 다른 시선

이 글은 타인에게 주의산만, 과잉행동, 집중력 저하, 충동통제 등의 증상을 보여 어려움을 겪는 학생들이 자신의 생활에서 어떻게 경험하고 있는지를 저자와 학생들의 이야기를 통해 들어 보고, 이를 통해 ADHD를 겪고 있는 청소년들의 경험을 이해하고자 한다.

1. ADHD 청소년에게 집중이란 어떤 것인가

 '산만함'에 대한 사전적 정의를 살펴보면, '어수선하여 질 서나 통일성이 없다'는 의미로 사용되고 있다. 일반적으로 ADHD 청소년들의 문제행동에 대해 언급할 때 과잉행동과 함 께 집중력의 저하, 그에 따른 산만성도 함께 이야기한다. 학생 들의 경험을 토대로 살펴보면 그들의 몸에서 집중력이 저하되 고 산만해지는 원인을 찾을 수 있었다. 이는 ADHD 청소년들 의 경우 몸을 통해 지각되는 정보가 순차적으로 들어오지 않 고 한꺼번에 밀려 들어와 지각체계에 혼란을 느낀다는 것을 학생들의 이야기를 통해 알 수 있다. 나아가 ADHD 청소년들 은 몸의 감각기관을 통해 외부의 사물을 인식하고, 지각하는 과정에서 하나의 자극에 대한 자극원을 인식하고 순차적으로 다른 자극원을 인식하는 단계를 거치지 않는다는 것을 알 수 있다. 또한 이들은 다양한 자극이 한꺼번에 밀려와 구분하기 힘든 경험을 하고 있다고 할 수 있다.

 그래서 ADHD 청소년들은 '집중하려고 노력'하는 상황에서 '모든 정보가 한꺼번에 들어오는' 경험을 하게 되고, 갑자기 다 양한 정보가 뇌로 들어와 지각기능에 문제가 생기면서 '순간 머리가 명해지는' 경험을 하게 된다. 이러한 상황을 겪게 되면

> 본인 스스로도 일처리를 해야 한다는 것을 알면서도 머리가 멍한 느낌 때문에 '어떻게 일을 처리해야 할지' 모르는 상황에 당면하게 된다.

♡ 주변 자극이 한꺼번에 다 들어와요

"나의 상태를 표현해 보면, 물결이 일렁이는 망망대해에서 안착할 섬을 찾거나 길 안내가 될 부표를 찾는 것 같다. 자극이 되는 정보가 걸러지지 않고 그대로 유입되는 정보의 바다에서 집중해야 할 부표를 찾지 못한 채 그냥 떠돌고 있는 느낌이에요."라고 이야기하고 있다.

"내가 말하는 '몸 따로 마음 따로'의 경험은 주의집중이 안 되고 산만해지는 상황을 내 방식대로 표현한 거예요. 나에게 느껴지는 세상은 정보의 홍수라고 할 수 있어요. 세상의 다양한 자극이 나를 한곳에 안착할 수 없게 만들어요. 그때의 상황을 설명하자면 뭐부터 집중해야 할지 모르는 상황이 맞을 것 같아요. 한꺼번에 모든 정보가 들어와 버리거든요."

"한 가지 예로 놀이기구 타러 가는 것을 한번 상상해 보세요. 놀이기구를 타러 가면, 멋지고 웅장한 놀이기구들을 동시에 만나게 되지요. 뭐부터 집중해야 할지 모르는 상황에서 주변을 두리번두리번거리다가 정신이 확 나가거나 들뜨는 기분을 경험한 적이 있을 거예요. 그런 경험이 내가 일 상생활에서 경험하는 것과 비슷해요. 다양한 정보가 순차 적으로 들어오지 않고 동시에 나에게 전달돼요. 그러면 한 꺼번에 모든 정보가 들어와 뭐부터 집중해야 할지 모르는 상황이 되어 버려요. 순간 멍해지면서 뭐를 어떻게 해야 할 지 모르게 돼요. 마음은 막 불안정해지고 어찌해야 할지 난 감해지면서 어수선해지고 산만해져요. 그러면 나의 의지와 는 상관없이 내 몸과 마음이 따로 움직이는 것을 경험하게 돼요."

"학교에서의 수업시간에는요, 아이들이 모두 소란스럽고 산만할 때가 있어요. 그럼 나도 덩달아 기분이 붕 떠요. 그 럴 때 아이들은 산만해졌다가도 금방 정신을 차리고 집중을 잘해요. 그런데 나는 한번 산만해지면 거기서 벗어나는 데 시간이 오래 걸려요."

"물론 나도 수업시간이 지루할 때도 있지만, 잘 듣고 싶을 때도 많아요. 그런데 자꾸 내가 수업을 놓치는 거죠. 하나에 집중이 잘 안된다고나 할까…… 선생님이 말하는 것을 듣 고 있는데, 그때 그것만 들리는 게 아니라 앞에 아이가 머리 핀 꽂은 것도 보이고, 옆에 아이가 다리 떨고 있는 것도 눈에 들어오고, 밖에서 체육하는 소리도 들리며 상황이 혼합되어 버려요. 그러다가 '아차!' 하고 다시 수업에 집중하려고 해 요. 하지만 남들이 보기에는 내가 노력하는 것은 보이지 않고, 산만해서 집중 못하고 두리번거리는 나의 겉모습만 보게 되지요."

"그리고 체육시간에 몇 열 종대 이런 식으로 줄서기할 때, 그걸 하려면 옆도 보고 앞도 보면서 맞춰야 하잖아요. 근데 나는 동시에 두 가지를 못해요. 하나에 집중하다 보면 저것이 안되고, 저 상황에 집중하다 보면 이것이 안되면서 한꺼번에 애들이 제 눈에 다 들어와 버리고……. 순간 뭐부터 집중해야 될지 막막한 그런 경험을 해요."

2. 가려서 집중하는 것이란 어떤 것인가

우리가 흔히 알고 있는 것과는 다르게 ADHD 청소년들은 집중력이 떨어지는 것이 아니라 선택적으로 가려서 집중하여 문제를 야기한다. 한쪽으로 치우친 집중력이 전체적인 상황을 조망하는 것을 힘들게 만드는 것이다. ADHD 청소년들은 본인의 관심에 몰입하여 자신의 입장에서 관심 비중이 높은 것만 가려서 듣게 된다. 이에 따라 대인관계에서 자기중심적이게 되고 타인을 무시한다거나 이기적인 사람이라는 오해를 받기도 한다. 이처럼 관심이 한쪽으로만 치우쳐서 집중되는 문제는 동시에 다른 일에 관심을 두기 어려우며, 자신의 관심 밖에 있는 일은 알아차리지 못하게 된다. 이렇게 주변의 상황을 감지하는 능력의 문제점과 연결되어 전체적인 상황을 조망하지 못하는 악순환을 경험하게 된다.

♡ 집중력이 편향되어요-'편식'하는 집중력

"흔히들 나처럼 ADHD가 있는 애들을 '집중을 잘 못한다.'라고 얘기하는데요. 내가 보기에 집중을 잘 못하는 게 아니라 가려서 집중하는 문제가 있는 것 같아요. 가려서 집중하는 거는요. 관심이 있는 한곳에 집중이 쏠려 버리는 거죠. 나는 이것을 편식하는 집중력이라고 표현하고 싶어요. 분명히 집중 방법에 문제가 있는 것은 사실이지만 이것이 습관으로 굳어져 버리면, 나의 입장에서 듣고 싶은 것만 중요성이 높은 것만 가려서 듣게 돼요. 이런 점이 대인관계에서 문제가 된다는 것을 알지만 그것을 노력해서 고쳐 나가는 일은 쉬운 게 아닌 것 같아요."

"한 가지 예로 한곳에 집중하면 다른 사람이 불러도 나는 그 소리를 잘 못 들어요. 의도적으로라도 집중을 분산하려고 하지만 거기에 좀 애로사항이 있어요. 뭐가 있을까요. 음, 선생님이 '내일까지 뭐 해 와라.'라고 그랬는데 안 하는 경우가 있어요. 이럴 경우에 선생님이 해 오라는 규칙에 근거해서 해 가는 것이 결정되는 게 아니라 나에게 그 일이 얼마나 관심 있느냐가 중요하다는 거예요. 근데 집중을 못해서 안 듣는다고 보기보다는 필요한 부분에 더 집중해서 듣는 게 문제가 돼요. 선생님이 내일까지 해 오라는 게 나한테는 별로 중요성이 있지 않은 거니까 잊어버리는 거겠죠. 그게 내가 정말 좋아하고 중요하게 생각되는 것일 때 선생님이 내일까지 해 오라고 하면 해 갔을 텐데……. 관심에 따라 선택적으로 듣게 되는 거죠. 이런 문제는 다른 사람이 보기에는 내가 귀 기울여 듣지 않는 것처럼 보게 돼요."

"이렇게 가려서 집중하는 문제는 선생님이 수업시간에 중요한 이야기를 하는데 내가 놓치게 되는 경우도 생기게 하고요. 다른 사람이 직접 이야기하는 데도 귀 기울여 듣지 않으니까 대인관계에 좀 문제가 되는 경우도 있어요. 그리고 친구들 사이에서는요. 뭐 친구가 자기 좋아하는 친구 이야기를 하는데 저는 그 애를 싫어하거든요. 그럼 내 입장에서는 들을 필요가 없는 거예요. 내가 싫어하는 애 얘기이니까. 그럴 때 들으려고 노력을 하지만 집중이 잘 안되거든요. 그런데 친구는 자기 이야기를 안 듣는다고 말을 해요. 친구와의 약속도 그렇게 중요한 약속이 아닐 때는 잊어버리는 경우도 있어요. 내가 정말 꽂혀서 좋아하는 거는 집중을 잘하게 되고 아닌 경우에는 나의 의도와는 상관없이 놓쳐 버리게 돼요. 내가 좋아하고 관심 있는 거는 집중을 되게 잘하는데 그런 게 아니면 집중하기가 어려워요."

"내가 생각해도 참 자기중심적이고 성숙하지 않은 방법이라는 거 아는데요. 그것이 내가 의도해서 그렇게 되는 게 아니라 자연적으로 관심 있는 곳으로 집중이 쏠리게 되는 거예요. 학교 규칙이 중요하다는 것을 알지만 규칙 이전에 나도 모르게 그렇게 되어 버린다는 게 맞을 것 같아요. 그런데 그것보다 더 큰 문제는 그게 습관이 되어 버린다는 거예요. 습관이 되면 노력도 안 하게 되는 거지요. 나 스스로 습관적으로 집중을 가려서 하는 부분도 있는 거예요."

♡ 동시에 두 가지 일을 수행하기가 힘들어요

"'같은 시간대에 두 가지 일을 신경 쓰는 것을 못한다'고 보시면 될 것 같아요. 주변의 상황을 눈치껏 알아채고 나에게 처한 일들을 수행해야 되는데, 그것이 '안된다'고 보시면 될 것 같아요. 주 목적이 아닌 일은 잘 잊어버리거든요."

"한 가지 예로 놀러 나가는 것과 도서관에 책을 반납하는 일이 동시에 주어졌을 때, 나의 입장에서는 밖에 나가서 노는 게 주 목적의 일인데, 엄마는 도서관에 책을 반납하는 게 주 목적의 일인 걸로 안다는 거죠. 이런 경우에 나는 두 가지 일이 동시에 진행되면 하나를 잃어버릴 확률이 굉장히 높아요. 나는 놀러 나가는 건데 그냥 가는 길에 엄마 말대로 도서관에 책을 반납하는 거죠. 주 목적이 아니니까 잊어

버리는 거예요. 그럼 엄마는 나한테 뭐라고 그러게 되고. 왜 기일 내에 책을 반납하지 않았냐고 얘기가 나와요. 이런 경우, 동시에 두 가지 일을 생각한다는 것 자체가 나한테는 어렵게 느껴진다는 얘기예요. 하나를 챙기면 하나를 놓쳐서 '물건을 끝까지 챙겨서 쓰지 못하고 잃어버리는 경우'도 많아요. 지우개도 있고 연필도 있고 그 외 다양한 것이 있으면 하나하나 꼼꼼히 다 챙겨서 넣어야 되는데, 가방 챙기는 것에 급급하다 보면 연필 같은 필기구를 못 챙기는 문제가 생기게 돼요."

"그리고 엄마가 마트 가서 올리브 오일이랑 뭐, 그런 거 사 오라고 시켰어요. 보통 종이에 적어 주잖아요. 종이에 적혀 있는 대로 다니는 게 아니라 눈에 띄는 거 먼저 사고 나중에 뭐 샀나 안 샀나 체크를 하는데 저는 그러면 안 돼요. 그렇게 하면 올리브 사는데, 옆에 있는 소금도 같이 사야 되는 상황이 되고 마트 물건들이 동시에 눈에 들어와서 결정을 못 내린다는 거죠. 이걸 잡으려면 저게 눈에 들어오고, 이러면서 동시에 해야 할 게 한꺼번에 꼬여 버리는 거예요. 정신이 없어지는 거죠. 이런 경우에는 진짜 힘들 거든요. 그래서 시간이 걸려도 종이에 적혀 있는 대로 돌아다니면서 하나하나 사야지만 그나마 그거를 다 집중력 있게 살 수 있어요. 이동 시간과 거리가 많이 걸려도 메모에 적혀 있는 대로 차근차근 사야지만 다 살 수 있어요."

"다른 경우로는요. 책상 같은 걸 정리할 때도요. 정말 하고자 하는 마음이 있어요. 그러나 막상 뭐부터 해야 할지 모르는 상황이 되는 거예요. 이거 잡으면 저게 눈에 들어오고, 동시에 해야 할 게 한꺼번에 막 들어오면서 '정신이 없어지는 상황'을 경험하게 돼요. 그러니까 어떠한 일을 할 때 효율성이 떨어지는 거죠. 동시에 두 가지 일을 수행하는 건 정말 어려운 부분이에요. 남들이 보기에는 정말 꾀를 피워서 안 하거나 그렇게 보일 수도 있을 것 같은데, 내가 어디에 관심이 쏠려 있느냐에 따라서 집중이 한곳에 편중되어 버려요."

♡ '관심' 밖의 것은 내 물건이 아니에요

"앞에서도 얘기했듯이, 동시에 두 가지에 집중하는 것이 어려운 부분이 있어요. 한곳에 몰두하고 나면 다른 곳에 신경을 못 쓰는 거 하고 연결되겠죠. 그러니까 하나에 신경 쓰다 보면 다른 하나를 잊어버리는 거죠."

"한 가지 예로 아침에 나갈 땐 비가 왔어요. 비라는 거에 신경을 쓰니까 우산을 챙겨 가지만, 집에 올 때 비가 안 오면 비라는 건 나한테 중요한 부분이 아니니까 우산을 못 챙기는 것, 그런 거죠. 학용품을 매일 잃어버려서 끝까지 써 본 적이 없는 것, 또 두 가지 일 중 주된 목적인 일만 기억하고 나머지 일은 잊어버리는 것, 학교 갈 때 책 가져가는 것을 잊

어버리고 가는 것, 뭐 이런 거죠. 물건을 놓고 가서 집을 들
락날락한 적도 많이 있었어요. 지우개, 우산, 신발주머니 이
런 거를 진짜 많이 잃어버렸거든요. 그래서 한번 사서 끝까
지 써 본 적이 거의 없었어요."

"특히 우산의 경우는요. 비 오는 날 버스를 탔어요. 교통
카드를 꺼내야 하는데 짐이 많았거든요. 우산을 세워 둔 다
음에 교통카드를 찍고 가방 안에 넣는 것에 신경 쓰다가 우
산을 그냥 놓고 내렸어요. 무슨 일을 동시에 하려면 순서가
있어야 되는데 나는 그게 잘 안되는 거 같아요."

"너무나 갖고 싶었던 자전거를 샀어요. 근데 산 지 한 달
도 안 돼서 자전거를 타고 나갔다가 묶지도 않고 논 거예요.
그러고는 자전거를 안 타고 집에 왔는데요. '아, 내 자전거가
없구나.' 하는 것이 며칠 후에 생각 났어요. 그런 식으로 내
관심 밖의 거는 내가 챙기지 못해서 잃어버리는 경험을 하
게 돼요."

3. 집중이 안되면 싫증으로 바뀐다

"오래 집중을 못하고 싫증을 느껴요."

ADHD 청소년들은 주변 환경에 대해 호기심이 많고, 주어

진 자극을 예민하게 받아들인다. 또한 시각이나 청각 등으로 자신에게 전달되는 다양한 정보에 즉각적인 반응을 보인다. 주변의 정보에 대해 예민하게 반응을 하지만 한 가지 자극에 집중하는 상태를 지속하는 것을 힘들어한다. 즉, 이들의 이러한 행동은 한 가지 자극에 반응하고 그 상태를 유지하는 기간이 짧아서 주변 자극에 예민하여 금방 다른 자극으로 주의를 옮기기 때문이다.

♡ 1초의 '호기심'과 1시간의 '지루함'

"나는 주변의 자극에 예민하고 다양한 반응을 보이는데요. 시각이나 청각 자극에 즉각적인 반응을 보이면서 관심 있는 것에는 호기심도 강하게 일어나거든요. 하지만 하나에 집중하는 지속력이 짧고 지루함도 금방 느껴요."

"모든 일이 처음에는 흥미가 있으나 조금만 하면 지루해지는 거죠. 또 현재 하는 거 말고 다른 재미있는 것이 없을까 하면서 다른 것들이 눈에 들어오고, 이것저것 다 해 보고 싶고 그렇죠. 엄마는 그럴 때 나의 태도를 보고 '끈기가 없다.'라고 이야기를 해요."

"또 놀이 같은 거 할 때도 하나의 놀이를 지속적으로 못하고 이것저것 하게 되니까 엄마한테 집 안 어지럽힌다고 혼

나게 돼요. 엄마 입장에서는 내가 되게 끈기가 없는 것처럼
보일 수 있는 거죠."

4. ADHD 청소년에게 충동이란 어떤 것인가

충동통제와 브레이크 이해하기

여기에 나오는 '브레이크'라는 말은 어떤 상황에서 ADHD
청소년들이 하고 있는 행동이나 생각을 중지해야 할 때, 그 순
간 자제력을 상실하여 멈추지 못하는 것을 의미한다. 이런 자
제력 상실의 결과로 나오는 행동이 충동성인데, 이것은 행동
적 측면과 인지적 측면으로 나누어 설명할 수 있다. 행동적인
측면의 충동성은 대표적인 예로 학교 내 교실에서 자신이 하
는 행동의 결과를 고려하지 않고 우발적으로 행동하는 것이
다. 인지적인 측면의 충동성은 자신이 처해 있는 주변 상황의
맥락을 감지하지 못하고 성급하게 말하는 것과 같은 실수를
의미한다. 이런 순간적으로 자제가 안되는 충동성은, 아동기
에는 주의산만하고 과잉행동의 문제와 결부되어 자신의 몸을
제어하지 못하고 우발사고를 일으키는 경우가 많다. 이후 청
소년기에는 대인관계에서 충동적으로 말실수를 하거나, 깊게
생각하지 않고 일처리를 하는 등의 행동으로 나타난다. 이런
문제는 ADHD 청소년들이 충동성을 제어하지 못하여 대인관

계에서 갈등을 빚어 어려움을 가중하는 요소가 될 수 있다.

이들은 대인관계의 상황적인 맥락에서 순간적으로 자제를 하지 못하고 우발적인 말이나 행동을 하여 오해의 소지를 만들기도 하고, 만회하기 힘든 실수를 하기도 한다.

♡ 충동통제가 어려워요

"자동제어장치의 과부하로 실수를 일삼아요."

ADHD 청소년에 따르면, "'자동제어장치'라 그러면요, 다른 말로 브레이크라고 할 수 있겠죠. 브레이크가 과부하 걸려 있는 거예요. 제대로 조절이 안될 만큼 너무나 과부화되어 있어 가지고 실수를 일삼게 된다는 의미의 말이에요." 그리고 "ADHD를 갖고 있는 사람들은 주위가 산만하다는 말과 함께 충동성 그리고 과잉행동이라는 말을 많이 듣게 되는데요. 나의 경우 초등학교 때는 이런 충동통제 문제가 나의 행동을 제어하지 못해서 상해를 입거나 친구를 다치게 하기도 했어요. 그런데 청소년 시기가 되니까 내 몸을 어느 정도 조절할 수 있겠더라고요. 그때부터는 초등학교 때의 충동통제 문제로 다치거나 하는 것이 아니고요. 자제를 해야 할 상황에서 참지 못하는 문제가 나타나서 다른 사람과의 관계가 좀 삐거덕거리는 걸 경험하게 돼요. 그런 상태에서 나를 제어해 줘야 하는데 그게 힘들어서 너무나 자유로운 브레이크를 가지고 있다고 말한 거예요."라고 이야기하고 있다. 즉, 부산하고 산만한 문제행동의 대부분은 충동조절과 맞물리는 문제일 수 있고, 충동조절이 안되니까 결과적으로 계속 실수를 하게 되는 것이라고 볼 수 있다.

이를 행동적인 측면에서 보면 학교에서는 대표적인 게 "시험 시간에 문제를 읽고 OMR 카드에 답을 쓸 때 진짜 마음이 급한 거예요. 차분하게 있어야 하는데 스스로 제어가 안되니까 급한 상태에서 하나씩 밀려 쓰고, 그러다가 나중에 시간이 얼마 안 남았다는 생각 때문에 나머지 문제는 안 보고 답을 찍어 버리기도 해요."

다른 예로는 "놀이터에서 미끄럼틀을 타고 노는데, 차분하게 미끄럼틀을 타고 내려오는 게 아니라 몸은 미끄럼틀을 내려오고 있지만 마음은 벌써 다른 애들 노는 데 가 있어요. 그래서 주위 사람들은 내가 차분하지 못하니까 굉장히 덜렁덜렁하고 산만하다고 말하는데요. '잔 실수를 많이 하기 때문에 어리바리하다.'라고 하기도 해요. 예전에 어릴 때는 깨뜨리거나 많이 흘리거나 이런 것들은 내가 스스로 제어를 해야 하는데 그게 안되니까 부산하고 산만하게 되죠. 흥분돼서 제어를 못하니까 뛰어올라서 다치는 경우도 있고 그렇죠. 지금은 '내가 나를 제어해야 하는구나'를 알고 초등학교 때에 비해서 나의 행동을 많이 제어하는 편인데요. 초등학교 때는 그런 거를 모르는 상태였죠. 내가 왜 그러는지를 모르는 상태니까 흥분해서 날뛰었다고 할 수 있어요. 한꺼번에 모든 것이 다 들어온다는 표현이 맞을 것 같아요."

이런 행동적인 측면에서의 충동성에 대해 이들은 "몸보다 마음이 먼저 움직여 '몸하고 마음하고' 따로 놀면서 조심성 없어 생기는 사고랑 연결이 되는 거예요. 이것도 역시 몸하고 마음하고 따로따로 놀고 과하게 움직이는 거기 때문에 다양한 실수를 만드는 상황이 되어 버려요. 한번 흥분하면 점점 흥분하게 되고 계속해서 점점 많은 자극이 들어오면, 나를 제어해 줘야 하는 충동조절이 힘들어지고 과부하가 걸리게 돼요."라고 이야기하고 있다.

"너무나 자유로운 '브레이크'를 가지고 있어요."

이를 인지적인 측면에서 보면 대인관계에서는 "뭐, 이런 거죠. 말하고 싶은 욕구를 참지 못하고 확 말해 버리고 그러고 나서 금방 잊어버리고요. 화가 나서 말을 하고 나중에 화가 났었던 것까지 까먹고 그러니까 대인관계에서 굉장히 무책임한 사람으로 보일 수 있잖아요. 충동적으로 말하고 기억을 못하면 상대방은 엄청 황당한 느낌을 받게 되지요."라고 이야기한다.

더 나아가 "해야 할 말과 하지 말아야 할 말을 가리지 못하고 생각 없이 다 말해 버려서 난처해졌던 경우도 있어요.

그럴 때 '아차!' 하고 깨달을 때도 있지만, 벌써 말은 입으로
나와 버려 가지고 상대방의 얼굴은 벌레 씹은 얼굴로 변해
있기도 해요."

"이런 경우도 있어요. 모여서 애들 뒷이야기하고 그럴 때
있잖아요. 그러면 가려서 말할 게 있고 말하지 말아야 할 것
이 있는데, 저는 그것을 가리지 못하고 생각 없이 다 말해 가
지고 나중에 되게 난처했던 경험도 있어요. 그리고 또 다른
경우는 동아리 선배가 연예인처럼 하고 온 거예요. 다른 선
배들이 '야, 너 간지 작렬이다.' '스타일 죽인다.' 이렇게 이야
기를 하는데, 제가 대뜸 '따라쟁이!' '따라쟁이구나!' 이렇게
말을 했어요. 순간 분위기가 싸해지면서 나보고 버릇없다고
째려보는 상황이 되었어요."

한 가지 예로 "수학선생님께 덤볐거든요. 선생님께 대드
는 건 버릇없는 일이라는 것을 나도 알지만 너무 짜증이 나
니까 나도 모르게 덤비게 되었어요. 근데 나뿐만 아니라 다
른 애들도 똑같이 화가 났는데 나만 못 참았던 거죠. 충동통
제가 안되고 '욱'하고 나왔던 거예요."

이런 충동성을 조절하지 못해서 나타나는 행동이나 실수
로 인해 "초등학교 시기에는 미끄럼틀 같은 걸 탈 때 앞에
있는 애가 안 내려가니까 발로 확 밀고 그렇게 해서 혼나기
도 하고. 내가 나를 통제하지 못해서 생기는 사고들이 많았
죠. 근데 커서는 물건을 사거나 중요한 일을 결정할 때 진중

하지 못하고 확 저질러서 나중에 후회할 일을 만들어요. 또 충동적인 행동으로 인해 주변 사람들과의 갈등도 많이 만들게 돼요. 확실히 초등학교 때하고는 조금 다르기는 다른 거 같아요. 초등학교 때는 대부분 충동통제가 안돼서 다치거나 뭐 그런 거였다면, 컸을 때는 상황적인 부분에 있어서 관계를 맺거나 그런 거에 좀 난처한 상황들이 많이 벌어지는 거 같아요."라고 그들의 어려움을 이야기하고 있다.

5. ADHD 청소년이 경험하는 '마음이 붕 뜬다'는 것은 어떤 것인가

그들이 말하는 '마음이 붕 뜬다'는 것을 이해하기 위해 '붕'의 의미를 살펴보면, '공중에 갑자기 떠오르거나 가슴이 뿌듯하게 흥분되는 모양'을 나타낸다. 이를 ADHD 청소년들의 이야기로 비추어 보면 '다양한 자극이 물밀듯 밀려 들어와 어느 한 가지에 집중이 안되고 마음이 안정되지 않는 그들의 상태'를 설명하는 것이다. 충동성을 조절하지 못하는 어려움은 ADHD 청소년들이 자신의 상황과 거기에서 느껴지는 감정을 자각하고 표현하는 것을 서툴게 하고, 이로 인해 외부의 다양한 자극에 반응하여 행동이 부산스럽고 정신이 산만한 상태의 불편함을 '마음이 붕 뜬다.'라는 이야기로 전달하고 있다.

이러한 과정을 통해 ADHD 청소년들은 마음을 한곳에 집중시키지 못하고 불안정한 상태에서 지속적으로 외부의 자극을 감지하면 더 불안함을 느껴 점점 더 어딘가에 집중하기 어려운 경험을 하게 된다. 그리하여 외부의 자극을 잘 처리할 수 없는 상태가 '악순환'되어 잘할 수 있는 일에서도 실수를 연발하게 된다.

♡ 마음이 붕 뜨며 생각이 많고 하나에 집중하지 못해요

"'꼬리에 꼬리'를 무는 상상"

"나 같은 경우도 혼자서 엉뚱한 생각을 많이 해요. 그러니까 다양한 잡생각과 공상을 하죠. 순간적으로 생각이 확 많아지고요. 마음이 들뜨면서 다른 자극들과 연결되어 다양한 생각이 막 떠오르거든요. 작품을 만들면서 거기에 집중하는 게 아니라 잘 만들어 칭찬받고 이걸 어떻게 해야 되고 예상되는 부분이 상상되곤 해요. 또 일어나지 않은 일에 대한 생각들이 많아요. 그런 생각들이 들면, 연속적으로 그것에 대한 꼬리에 꼬리를 물고 다른 생각이 막 떠오른다는 거죠. 그럼 주변의 여러 자극과 생각이 연결되면서 다른 생각이 막 떠오르는 거예요. 근데 그런 게 현실적인 생각일 때도 있고 내가 생각해도 웃긴 생각일 때도 많아요. 하나의 자극이 또 다른 자극원을 만나서 상상이 되고, 또 다른 상상이 되고 그렇기 때문에 내가 '꼬리에 꼬리를 무는 상상'이라고 말을 한 거예요."

ADHD 청소년들의 이런 특성은 다른 사람들이 보기에는 실수로 보이기 때문에 잘 안 보이고, 겉으로 표현되는 것과 다르게 감수성이 예민할 수 있어 그들만이 가지는 독특한 면으로 볼 수 있다.

"아지랑이처럼 '방방' 떠다니는 내 마음"

ADHD 청소년의 이야기는 "마음이 들뜨면 한곳에 집중이 안되고 앉아 있는 것도 힘들고 몸이 들썩들썩하게 돼요. 좋은 일이 있으면 거기에 신경 쓰여 약간 들뜨는 거랑 비슷해요. 다른 사람들은 좋은 일이 있거나 특별할 때만 들뜨는데 나는 자극에 예민하게 반응하기 때문에 자주 마음이 들뜨게 돼요."

다른 이야기로는 "ADHD를 갖고 있는 사람들은요, 나 자신의 마음을 잘 표현하지 못하고 현재 자신의 마음이 어떤지 체감하는 것도 무뎌요. 다른 사람들이 나를 산만하다고 여길 때 나의 마음 상태를 살펴보면 '마음이 들뜬다'는 표현이 적절할 것 같아요. 이런 상황을 좀 시적으로 표현하자면 봄날에 아지랑이가 피어오르는 거를 바라보는 마음 같은 거예요. 아련한 추억들이 떠오르면서 한곳에 집중이 안되고, 이 생각 저 생각이 떠오르면 마음이 싱숭생숭해지면서 왠지 들뜨고 일도 손에 안 잡히는 상태로 표현될 것 같아요. 그러니까 집중이 안되는 문제가 있을 때, 집중력뿐만 아니라 마음 상태도 안정이 안된다고 보시면 되는 거죠."

한 가지 예로 "어떤 때 그러는가 하면요. 음악시간에 자유 악기 시험 보는 게 있었는데요. 집에서 열심히 연습을 했고 잘하는 건데, 시험 볼 때 불안해지면서 마음이 막 들뜨는 거예요. 그러면 실수를 더 많이 해 가지고 평상시 기량을 발휘하지 못하게 돼요."

다른 경우에는 "학교에서 나무 공작 수업시간에 옆에 애들이 잘한다고 이야기하면 마음이 막 들뜨게 되면서 차분하지 못하게 되고, 그러면 더 잘할 수 있는 것도 마무리를 제대로 못하게 되지요. 다른 사람들보다 자극에 예민하게 반응해서 좀 더 많이 들뜨게 된다고 보면 좋을 것 같아요."

"들쑥날쑥한 감정이 나의 몸을 장악해요."

그들이 이야기하는 "아지랑이처럼 '방방' 떠다니는 내 마음"이 몸을 장악하게 되고, 이는 외부의 자극을 잘 처리할 수 없는 상태가 '악순환'되어 잘할 수 있는 일에서도 실수를 연발하게 된다.

한 ADHD 청소년에 따르면, "나의 감정이 일관되지 않은 채 나의 몸을 장악하면 다양한 감정이 일어나 나를 더욱 산만하게 만들게 되는 것을 표현한 거예요. 남들이 나를 보기에 변덕스럽다고 이야기하는 경우가 많아요. 갑자기 감정이 확확 변해서 변덕스럽다는 얘기를 듣게 돼요. 기분 나쁘면 확 돌변하고 또 충동적으로 상대방에게 비난하거나 욕을 퍼붓는 경우도 있고요. 충동성과 맞물려 즉흥적으로 말이 나오기 때문에 감정이 이랬다저랬다 하게 보이는 부분이 있어요."라고 이야기한다.

"그래서 성질이 불같이 확 달아오른다는 얘기도 듣게 돼요. 감정이 확 올랐다가 갑자기 차분하게 가라앉으니까 친구들이 나에게 조울증이라고 놀린 적도 있었어요. 제가 변덕스럽고 또 산만한 그런 부분이 있어요. 주위가 산만하기 때문에 감정 역시 산만하게 나타나는 게 있는 것 같아요. 그것을 다른 사람이 보기에 변덕스럽다고 보는 경우도 있고요."

다른 이야기로는 "화가 통제가 안되고 나오는 경우가 있어요. 평상시에 꼭꼭 참아 냈던 것이 어떠한 자극에 의해 욱하고 일어나면은 충동통제가 안되면서 갑자기 상대방을 비난하거나 거침없이 욕을 퍼붓는 거죠. 평상시 쌓여 있던 것이 한꺼번에 나오면서 그렇게 되어 버려요. 굉장히 즉흥적으로 충동조절이 안되면서 화가 자제 안되는 거예요. 그리고 성격이 불같아서 별일 아닌 것도 쉽게 열받고 피곤하고 그러거든요."

"이러한 과정을 거쳐 내재되어 있는 감정이 충동조절이 안되고 확 올라왔다가 가라앉기 때문에 들쑥날쑥한 감정이라고 표현한 부분도 있고요. 또 산만하고 부산스럽기 때문에 어떤 자극원에 대해서 반응하는 감정 자체도 산만하게 표현하는 게 있거든요."

"결국 타인이 보기에 나의 그런 감정 상태가 좀 왔다 갔다 하는 것처럼 보이는 부분들이 있는 것 같아요. 나 역시도 그렇게 내 자신에 대해 감정 조절이 안되는 부분 때문에 들쑥날쑥한 감정이 나를 장악하는 부분이 있다고 생각이 돼요."

03

내면에서 벌어지는 혼란, 넌 아니

이 글은 ADHD 증상으로 ADHD 학생들이 일상생활에서 지켜야 하는 규칙과 대인관계 측면에서 경험하는 혼란을 저자의 이야기와 학생들의 이야기를 통해 들어보고, 이를 통해 ADHD를 겪고 있는 청소년들의 어려움을 이해하고자 한다.

1. 상황 파악이 느려요

ADHD 청소년들은 외부의 자극을 알아차리고 이해하여 그 것에 대한 느낌을 타인에게 전달하는 것을 힘들어한다. 사람 간의 관계에서는 사람과 사람 사이에 보이지 않는 교류가 통 하여 감수성이 전달된다. 이러한 감수성은 자기 자신을 표현 하는 데에도 필요하고, 다른 사람의 상황을 알아차리고 이해 하여 이를 공감해 주는 능력에도 관여한다. ADHD 청소년들 은 대인관계의 상황에서 다른 사람들이 느끼는 감정을 공감하 지 못해서 상대방을 이해하지 못할 때도 있다. 이로 인해 일상 생활 속에 문제해결의 단서가 되는 핵심 요소들을 놓쳐 버려 서 상황과 상대방의 태도를 이해하지 못하여 혼란을 경험하기 도 한다. 이런 어려움을 겪는 ADHD 청소년들은 상황에 맞지 않는 행동을 하여 타인에게 오해를 받기도 했고, 다른 사람들 의 감정에 공감하지 못하여 자신만 소외된다는 생각이 들 때 도 있다. 이런 어려움은 성장하며 학교나 직장에서 오해를 살 때 자신을 적절히 표현하지 못해 주눅 들어 더더욱 위축되는 경험을 한다. 이런 문제는 학업의 어려움과도 연관되어 학습 면에서 편안하게 생각하면 할 수 있는 것도 할 수 없다는 소극 적인 자세를 취하게 한다.

♡ 나의 몸에 '아둔한 더듬이'를 달고 살아요

"더듬이는 곤충이 외부자극을 감지하기 위해서 갖고 있는 감각 요소라고 할 수 있잖아요. 사람한테도 상황을 빨리 이해하고 다른 사람을 공감하고 그럴 때 필요한 촉이 있다고 생각되는데, 나는 그런 감이 떨어진다는 거죠. 그래서 '나의 몸에 그런 아둔한 더듬이를 갖고 있다.'라고 이야기했어요."

"달리 살펴보면 내가 한 템포가 느린 감각을 발휘한다고 얘기해야 될 거 같아요. 상황에 대한 판단이 느리니까 문제 해결력도 떨어지고, 그런 상황들이 나에게 혼란스럽게 느껴져요. 준비물 이런 거를 빨리 받아 적어야 되는데, 가만히 있어서 나만 못 챙기는 문제들도 있고요. 좀 빠릿빠릿하게 알아채고 움직여야 되는데 그러지 못하는 거죠."

"다른 사람들과의 대화에서는 말을 좀 가려서 해야 하는 상황인데도, 그 상황을 눈치 못 채고 말을 막 해서 분위기를 썰렁하게 만든 적도 있고요. 그래서 애들한테 너는 좀 민폐라는 얘기도 듣고 그랬어요."

"어떤 상황이 있을 때 그것에 대해서 직접 얘기를 하는 건데도 그걸 나만 눈치 못 채는 이런 경우들 있잖아요. 그럼 괜스레 나만 따돌린다는 그런 오해를 나 스스로 하고 그래요. 이럴 때 중요한 게 스스로에 대한 자각이 필요한 것 같아요."

"내가 어떤 얘기를 할 때 '아, 내가 지금 필요 없는 말을 하고 있구나.' 이런 것을 빨리 알아채야 되는 거죠. 그리고 친구랑 말할 때도 그 아이의 말을 들으려고 노력해야 하는 것들이 필요한데, 문제는 내가 다른 사람들의 입장을 잘 모른다는 거죠."

"그렇게 되면 그냥 혼자서 막 겉돌아요. 막 말하다가 애들이 하는 말을 막 들어서 애들이 내 말을 무슨 말인지 전혀 모를 때도 있고……. 그럼 나만 외톨이가 된 기분이 들고, 또 나만의 세계에서 나만 겉돌게 되는 거죠."

💗 상황을 빨리 파악하지 못해 답답함을 느낌

"나는 주변에서 벌어지는 일에 대해 혼란스러움을 많이 느껴요. 사람들은 말과 행동을 통해서 자신의 생각을 표현하고 상대방은 그 의도를 알아 가잖아요. 그런데 나는 사람들의 의도를 빨리 알아차리지 못하거든요. 분위기 파악을 잘 못해서 어리둥절하고 불안하며 답답한 경험을 하게 돼요."

"사람들이 모여서 이야기하는데요, 서로 말을 안 하는데 분위기로 아는 상황들 있잖아요. 그럴 때 난 그 분위기가 뭔지 몰라서 혼란스러워요. 나 혼자 덩그러니 있는 느낌이에요. 어떤 상황에서 분위기가 썰렁해지면, 내가 뭔가 말을 잘못한 거 같은데 뭘 잘못했는지 모르는 어리둥절한 상태가 돼요."

"그런 어리둥절함은 혼란과 불안을 만들고, 사람들을 만나면 점점 더 위축되는 상황이 생겨 나 자신에게 답답함을 느껴요."

♡ '헛다리' 짚고 공부해요

"헛다리 짚었다는 게 잘못 이해했다는 의미잖아요. 초등학교 때는 부모님의 지도감독 아래 공부를 해요. 시험 보기 전에 "문제집 어디 풀어라."라고 엄마가 하라는 대로 하면 되는데, 중학교부터는 그렇게 공부하는 데에는 한계가 있어요. 또 달달 외워서 공부하는 것도 아니고 융통성이 필요한 거잖아요. 나의 공부 방법에 변화가 필요한데 그 요령을 잘 모른다는 거예요. 수업시간에 선생님이 어느 부분을 중요하게 말하는지 잘 들어야 하는데 나처럼 주의력 문제를 가진 아이들은 수업시간에 집중하는 그 자체가 힘들고, 계획을 세워야 하는데 그 자체도 미비하다는 거예요. 그러면 공부하는 방법을 모르게 되는 거죠. 중학교는 초등학교 때와 공부 방법이 달라지잖아요. 시험공부를 어떤 방법으로 해야 할지 모르는 문제도 생겨요."

"시간이 지나 중학교 시기가 되니까 공부를 좀 잘해야겠다는 생각이 들더라고요. 하지만 그 생각과 비례하게 시간이 지날수록 학습에 대한 혼란스러움과 좌절로 변경되는 경험을 하게 돼요. 이런 경험들이 나는 해도 안된다는 생각이 들게 하고 자포자기하게 돼요."

2. 사회생활에서 내가 해야 할 일을 놓쳐요

ADHD 청소년들이 집중을 해야 할 상황에서 집중하지 못하는 경우는 체감되는 정보가 순차적이지 않고 한꺼번에 밀려 들어오기 때문이다. 그런 자극에 대한 반응으로 마음이 산만해지고, 몸하고 마음이 부산스럽게 움직여 집중을 지속하지 못하는 상황이라고 볼 수 있다. 그래서 관심이 가는 것만 선택적으로 가려서 집중한다. 이러한 한쪽으로 치우친 집중력의 문제는 동시에 두 가지 일을 수행하기 힘든 상황을 만든다. 이들은 주변 상황을 모두 아울러 인식하는 것이 힘들고, 한곳에 몰두해서 신경을 쓰면 그 외의 것을 챙기는 것은 힘들어하는 특징을 보인다. 이런 특징으로 인해 ADHD 청소년들은 소지품, 시간 약속, 간발의 차이, 집중해야 할 상황 등 자신이 챙겨야 할 것을 놓쳐 버리는 경우가 많다. 특히 이들은 자신의 소지품을 관리하는 부분에서 당장 자신의 관심이 쏠려 있지 않은 소지품은 분실하는 경험을 한다. 또한 시간 약속 등에 있어서도 어려움을 호소하는데, 이는 시간이 눈에 보이는 것이 아니라 몸을 통해 우리에게 막연하게 느껴지기에 관심을 가지고 있지 않으면 놓치기 때문이다. 이들이 상황을 빨리 판단하는 것을 힘들어하고, 관심이 다른 데로 쏠려 버리면, 상대적으로 눈에 보이지도 않고 체감도 안되는 시간이라는 자극은 놓치게 되는 경우가 많다. 이러한 어려움으로 인해 ADHD 청소년들은 대인관계에서 시간 약속 등을 어겨 성실하지 못하거나 성의가 없는 사람으로 오해를 받기도 한다. 그리고 계획적으로 일을 진행하기 위해 시간을 안배해야 할 때, 막연하게 느껴지는 시간의 느낌 때문에 적절히 배분하지 못하여 실천이 어렵다. 순간적으로 시간을 감지하고 적절하게 대처해야 하는 상황에서 감지를 못해 '간발의 차이'로 자신이 해야 할 일을 놓치는 상황이 발생할 수 있다.

이런 '간발의 차이'로 ADHD 청소년들은 자신이 해야 할 일을 놓치는 상황을 겪으면서 학교 등 사회에서 지켜야 하는 규칙이 몸에 익숙지 않아 따라잡기 힘들어한다.

♡ 시간의 개념이 몸으로 체감되지 않아요

"특히 시간이라는 거는요. 시간을 지켜야 되는데, 보이지 않는 것을 막연하게 감으로 알고 체율한다는 게 너무 어려워요. 타인들이 보기에는 시간 약속을 안 지키는 것을 성의 없어 보이고, 성실하지 못하다는 편견도 갖게 해요. 실제로 성실하지 않은 부분도 있는데요. 시간 개념이 명확하지 않

기 때문에 지키지 못하는 문제가 제일 크다고 봐야 될 것 같
아요. 매번 일찍 가야지 하면서도 그 시간에 임박하여 딱 맞
추는 걸 잘 못하는 거죠. 그리고 일 같은 거 할 때도 질질 늘
어뜨리고 하다 보니까 혼난 적도 있고 그렇죠. 어떠한 일을
하면서 집중하거나 그럴 때 시간이라는 것에 집중이 안되니
까 힘든 부분들이 있어요.”

“'몇 시에 나와라.' 하고 이야기했어요. 그럼 그 시간에 나
가려고 했는데, 제가 그 시간을 딱 정확히 지키지 못해 늦게
나가거나, 아님 약속한 거를 잊어버리거나 그런 적이 되게
많죠. 시간 약속을 잘 못 지키는 그런 문제하고, 또 내가 생
각해도 나 스스로가 시간에 대한 개념이 별로 없는 문제도
있고요.”

“다른 경우에는 내가 중요하다고 생각하는 다른 일에 주
의를 빼앗겨 시간 자체에 주의집중을 잘하지 못하는 그런
문제도 있어요. 그래서 시간 약속을 까먹거나 못 나가는 그
런 경우들이 있죠. 그럴 때 타인들이 보기에 정말 성의 없고
불성실해 보이는 걸로 보일 수 있지요. 근데 그건 어쩔 수
없는 거 같아요. 그것에 대해서 내가 '억울하다'고 할 수 있
는 부분의 문제는 아닌 것 같고, 내가 지키려고 노력을 해야
하는 부분이에요.”

“학교생활에서는 지각을 하려고 한 건 아닌데 정말 아슬
아슬하게 지각을 해서 선생님한테 찍혀 버린 적도 많아요.

또 선생님마다 되게 다른데 떠드는 건 용납 안 되는 깐깐한 선생님도 있잖아요. 수업시간에 딴짓하다가 아주 강한 선생님한테 찍혀 가지고 문제가 된 경우도 있죠. 물론 다른 아이들도 나처럼 떠드는 경우가 많지만 그 아이들은 눈치껏 알아서 움직이는데, 나는 그런 분위기가 몸으로 체감되지 않으니 좀 더 많이 찍히고 주의를 듣는 상황이 돼요."

♡ '간발'의 차이로 놓쳐요

"학교는 내가 제일 처음 만나는 사회생활이라고 할 수 있는데, 나 자신을 적절하게 표현해야 되는 곳이잖아요. 그런데 그렇지 못하기 때문에 다양한 문제가 생기는데, 그런 문제는 아주 아쉽게 간발의 차이로 놓쳐서 생기는 문제라는 거예요."

"나 같은 경우는 상황 판단과 함께 시간에 대한 개념도 되게 혼란스럽거든요. 이런 문제는 초등학교 때는 자리에 못 앉아 있거나 부산스러운 행동으로 나타나지만, 청소년 시기에는 시간 개념이 수업시간에 지각을 하는 등 이런 규칙 준수의 어려움으로 나타나요. 특히 초등학교 시기에 비해 중학교는 학교에서 자율적으로 움직이는 시간이 많이 있잖아요. 시간 개념이 약한 ADHD 학생들은 적절하게 시간을 감지하고 순간 판단을 해서 자율적으로 움직이는 학교 규칙에 혼동을 되게 많이 느낀다는 그런 이야기예요."

"학교에선 눈치껏 움직여야 되는데, 제가 뒤처지고 떨어져서 늦게 돼요. 그런 부분에서 간발의 차이로 놓치는 부분들이 있다고 할 수 있을 것 같아요. 예를 들어, 중학교 때요, 아침에 일찍 학교에 왔어요. 일찍 와 있는데 1교시 시작하기 전에 화장실을 갔다가 교실에 늦게 들어온 거예요. 제 시간에 참석하지 못한 거죠. 지각하지 않으려고 했는데 선생님한테 많이 혼나는 상황이 생기면 나는 굉장히 억울한 거예요. 이런 식으로 간발의 차이, 상황에 맞게 눈치껏 행동해야 하는데 그렇게 못한다는 거지요."

"산만하긴 하지만 이제는 내가 어느 정도 나를 통제할 수 있으니까 학급에서 초등학교 저학년처럼 돌아다니지는 않지만, 시간 관리나 규칙 준수 등에 있어서 간발의 차이로 좀 뒤처지는 느낌을 갖는다는 거죠."

♡ 학교 규율 '체율 체득'이 힘들어요

"ADHD를 갖고 있는 애들은요, 규칙을 몸으로 체화하는데 시간이 많이 걸려요. 왜 그러냐면 상황 판단이나 뭘 유추해서 생각하는 게 힘이 들거든요. 눈에 보이지 않는 것을 구체적인 자기 생각으로 만드는 게 쉽지 않다는 것으로 보면될 거 같아요. 그래서 학교 규율이 몸에 익숙하지 않아 따라

잡지 못한다는 뜻이에요."

"중학교 시기는 초등학교 시기와 달리 사회적인 규범문화를 배우는 시기잖아요. 또한 학교 수업도 초등학교처럼 한 선생님과 의사소통하는 것이 아니라 과목별로 지정된 선생님과 수업 방식이 다양하게 진행되는데요. 이 시기 학교에서는 두발 문제, 복장, 핸드폰 사용, 지각, 실내화 착용 등 학교 규율이 강화되는 시기이기도 해요. 그런데 이런 학교 규범문화가 문서화돼서 나와 있는 것이 아니잖아요. 알아서 그때그때 수행해야 할 때가 있는데, 나처럼 몸 따로 마음 따로 움직이는 애는 사람들 눈에 많이 띄고 지적 사항도 되게 많이 받거든요. 특히 내가 뭘 잘 잃어버리니까 신발주머니 같은 걸 안 가져오는 등 학교 규율에 위반되는 경우가 되게 많아요."

"그럼 담당 선생님의 눈에 계속 띌 수밖에 없는 것이죠. 이럴 때 나 자신에 대해 변론을 잘 못하잖아요. 학교 규율을 체득하고, 빨리빨리 상황에 따라 직시해서 문제를 해결해야 되는데 뒤처지니까 따라잡아야 할 상황들이 된다는 거죠."

3. 나를 제대로 표현하기가 어려워요

"나의 겉모습과 속마음은 다른데 이것을 어떻게 표현해야 될지 모르겠어요."

ADHD 청소년들은 외부의 자극을 지각하고 그것에 대한 느낌을 전달하는 감수성의 문제에 어려움을 느낀다. 이런 어려움은 타인의 주요한 감정의 단서들을 잡아내지 못하는 문제와 함께, 현재 자신에게 지각되는 상황에 대해 혼란스러움을 느끼도록 하며, 본인이 처해 있는 상황에서도 반응을 무디게 한다. 우리는 보통 자신의 상태를 표현하기 위해 타인이 공감할 수 있도록 비슷한 코드로 표현을 하게 된다. 그러나 타인과의 공감력이 결여되어 있는 ADHD 청소년들은 자신을 표현하는 방법에 있어서도 자신만의 방식을 일방적으로 사용하여 주변의 오해를 사기도 한다. 이런 이유로 ADHD 청소년들은 자신의 내면에서 경험하고 있는 느낌을 겉으로 표현하는데 어려움을 느끼고, 다른 사람들은 겉으로 드러나는 행동으로 ADHD 청소년들을 평가하게 된다. 이런 다른 사람들의 오해에서 비롯된 주위의 부정적인 반응은 ADHD 청소년들이 자기 자신을 적절히 표현하는 것에 대해 주눅 들게 하고, 불안감을 느끼도록 한다. 이 때문에 ADHD 청소년들은 스스로를 표현하는 것에 더욱더 어려움을 느끼게 된다.

♡ '콘크리트 벽'에 헤딩해요

"내가 나 자신을 잘 표현하지 못하니까 상대방에게 내 의
도가 전달이 안되는 거예요. 내가 상황을 잘 파악하지 못하
니까 상대방의 감정에 무디게 반응하게 되고, 이런 것이 쌓
이고 쌓여서 부정적인 감정을 경험하게 되는 것 같아요. 이
런 경험들은 나의 마음에 감정의 옹벽을 만들고, 대인관계
에서 나를 점점 위축되게 만들어요." "나는 타인과의 관계에
서 공감하기를 힘들어하거든요. 그러면 대인관계에서 혼자
겉도는 느낌을 받아요. 하지만 내가 나를 평가할 때는 감정
에 예민하지만 그것이 밖으로 표현되지 못하기 때문에 다른
사람들은 모른다는 거죠. 나 아닌 다른 사람들의 입장에서
는 내가 무디고 감정이 없어 보이고, 내 입장에서는 나의 예
민함을 적절하게 표현하지 못하니까 같은 공간에 있어도 아
주 차갑고 단단한 콘크리트 벽처럼 보이지 않는 감정의 벽
으로 단절을 경험하게 돼요."

"나는 감정표현을 잘 못해요. 또 한 가지는 타인의 감정을
잘 모르는 것인데, 이게 내가 표현하는 데 한계를 만들어요.
뭐가 있냐 하면요, 어떤 상황에서 서로 껄끄러울 때가 있잖
아요. 내가 기분 나쁘다는 것을 이야기하고 싶은데, 그게 잘
안돼요. 그럼 그걸 표현하기보다 오히려 괜히 '틱틱' 거리는
행동을 하게 돼요. 나의 의지와는 상관없이 그렇게 되거든

요. 그렇게 되면 대인관계가 더 악화되어 버려요."

"예를 들어, 엄마가 화를 낼 때 내가 적절하게 미안한 감정을 표현 못하는 거도 해당돼요. 내가 잘못한 상황인데 내가 제대로 표현을 못하고 툴툴거리는 행동을 하니까 엄마는 오히려 더 화가 나게 되고, 서로 안 해도 될 말까지 해 버리는 경우가 생겨요."

"친구관계에서도 난감한 상황에서 어떻게 나를 표현해야 하는 건지 당혹스럽거든요. 상대방에 대해서 미안하거나 그런 마음이 있지만 표현이 안되니까 서로가 단절된 그런 느낌을 경험하게 된다는 거죠."

♡ 몸속의 예민함이 겉으로 표현되지 않아요

"나의 행동이 부산스러운 것은 사실이지만 오히려 썰렁함을 만회하기 위해서 말을 더 많이 하게 되는 경우도 있어요. 다른 사람들보다 더 예민해서 눈치를 많이 보고 위축되어 속상함도 많이 느끼지만 그것을 겉으로 표현하기 힘들고 어떻게 표현하는 건지도 혼란스러워요."

"내가 속없는 게 아니고 표현을 잘 안 하는 거거든요. 의외로 나도 되게 예민한 사람인데, 그게 밖으로 표현되지가 않으니까 사람들은 나를 무디게 본다는 거죠. 사실 무언가 혼란스럽고 불편한 감정을 보이지 않으려고 부산스럽고 산만한 행동이 더 나오는 부분도 없잖아 있거든요." 그리고 "끊임없이 남의 눈치를 본다고 할 수 있겠죠. 겉은 정말 완전 평화로운 듯하고 태평해 보이지만 속으론 되게 예민해서 사람들을 몇 배로 신경 쓰게 돼요. 사람들을 만날 때 정말 많은 생각이 스쳐 지나가죠. 애들하고 같이 있는데 분위기가 되게 썰렁하게 되면 혹시 내가 기분 나쁜 말을 했나 하는 생각도 들면서 내가 또 실수한 거 아닌가 신경을 써요."

"한 가지 예로, 나는 엄마한테 속없다는 이야기를 들을 때가 있어요. 어떤 상황에서 그러냐면요. 내가 사고를 쳐서 엄마한테 혼나고 난 후 아무렇지도 않게 또 반복해서 산만하게 굴 때가 있거든요. 그럴 때 엄마는 '아유, 저건 속도 되게 없다.'라고 얘기하시는데, 사실 그런 얘기를 들을 때 눈물이 핑 돌 때가 많아요. 그리고 엄마는 나보고 다른 사람들 신경 안 쓰고 행동한다고 막 뭐라 그러는데, 내 속마음은 그게 아니거든요. 오히려 사람들 눈치를 많이 보는데, 그것이 겉으로 표현이 안되니까 잘 모르는 거 같아요."

"옛날에 초등학교 다닐 때 엄마가 참관 수업을 왔었어요. 내가 수업시간에 막 돌아다녔는데요. 그때 엄마가 너무 창피했나 봐요. 집에 와서 엄마한테 되게 많이 혼났거든요. 엄마는 화가 나서 막 뭐라 그러는데 나는 내가 왜 혼이 나야 하는지 그때는 잘 모르겠더라고요. 그때 막 혼나니까 나도 속이 답답하고 정말 짜증났는데, 그래도 뭐 엄마한테 뭐라고 그럴 수 없으니까 꼼지락거리면서 자동차 장난감 같은 거 갖고 놀고 그랬거든요. 그런데 엄마가 혼내는데 자동차 장난감 갖고 논다고 차를 던져 버렸어요. 자기 말을 안 듣고 또 딴짓한다고요. 나는 그 상황에 어떻게 해야 할지 난감해서 그런 거였는데요. 엄마는 자기를 무시한다고 생각했던 거 같아요."

♡ 그 어디에도 전할 수 없는 '속 타는 내 마음'

"정말 속이 타는 느낌이에요. 속이 타지만 그것을 어딘가에 전달할 곳이 없고, 또 나의 마음을 적절하게 전달하는 방법도 몰라 더 속이 타요. 나의 힘듦을 표현할 수 없어서 힘들 때가 있어요."

"친구에게라도 나의 힘듦을 나눌 수 있으면 좋을 텐데 그렇지 못하니까요. 학교는 가서 뭐 하나 그런 생각도 들고……. 어디에 풀 데도 없으니 점점 스트레스가 쌓이게 되는 거죠. 정말 학교 가기 싫어요. 아이들이 수군수군 내 말을 하는 것 같고 불안하고 이유 없이 화도 나고……. 그렇다고 부모님한테 그런 얘기를 할 수 있는 것도 아니라서 혼자 나의 맘속에 쌓아 놓게 돼요. 학교 공부에도 흥미 없고 답답하고 속 타는 마음을 어디에도 전할 수 없는 단절된 느낌을 경험하게 돼요."

4. 나의 행동이 다른 사람에게 오해로 전달 돼요

"어떻게 해야 할지 모르겠어요."

ADHD 청소년들은 충동통제가 되지 않고 산만한 행동으로 본인도 의도하지 않았던 실수를 하게 되고, 해결해야 할 문제에 낮은 대처력을 보이게 된다. 또한 ADHD 청소년들은 상황을 감지하는 능력과 타인의 상황을 공감하는 능력에서 많은 혼란을 경험한다. 이런 부분들이 대인관계에서 서툰 행동을 하게 하여 오해를 사기도 한다. 이들은 우발적인 상황에서 긴장하게 되어 잘할 수 있는 상황임에도 실수를 연발하게 된다. 그리고 ADHD 청소년들은 자기를 표현하는 방법을 잘 모르기 때문에 의사소통에서 그들의 의도와는 다른 의미로 전달되는 경험을 하는 경우가 많았다. 그들은 서투른 대처 방식 때문에 대인관계에서 오해를 받는 경우가 많은데, 이런 오해를 만회할 대처능력이 상당히 부족하다. 따라서 서투르게 행동하게 되어 오해를 받는 경우도 잦았다. 이런 이유들로 콜먼과 린지(Coleman & Lindsay, 1992)는 ADHD 아동들이 또래관계에서 충동적인 행동들을 자주 하고, 주변 자극에 적절하게 반응하지 못하여 미성숙하고 공격적이며 파탄적이라고 인식되어 또래들에게 거부당하기 쉽다고 이야기했다.

♡ 한번 찍히면 계속 찍혀요

"ADHD 청소년들은 특히 학교에서 겪는 어려움이 많은데, ADHD 청소년들이 몸 따로 마음 따로의 경험을 이해할수 있는 선생님을 찾기가 사실 힘들다는 거예요. 또한 그때는 나를 나무라는 선생님이 밉기만 했는데, 커서 보니까 한명의 선생님이 다수의 학생을 관리한다는 것은 어려운 상황이기 때문에 '선생님들도 우리 때문에 힘들긴 힘들었겠구나.' 이런 생각이 들어요. 근데 저희 입장에서도 되게 억울한부분들이 있어요."

"수업시간에 떠들거나 잦은 실수를 하면 선생님들이 당연히 지적을 하게 되죠. 근데 나 같은 경우에는 선생님께 지적을 받는 부분들이 전적으로 나의 문제인 것은 사실이지만, 어떤 때는 내가 노력하는 데도 어쩔 수 없는 상황이 되기도한다는 거예요. 그래서 수업시간에 떠들다 걸리거나 반복되는 문제행동이 선생님들에게는 비행 문제가 있거나 무례한아이로 오해되는 경우가 생겨요."

"이럴 때 어려움들은 선생님과의 갈등 상황에서 그 문제를 적절하게 해결하거나 나를 표현하는 게 서툴다는 거예요. 그래서 또 다른 오해들을 만들게 돼요."

"어떤 상황에서 내가 문제행동을 하든, 이상한 병리적인문제가 있든 그걸 떠나서 한번 찍히면 계속 찍히는 상황이 되는 건 사실인 것 같아요."

"한 가지 예로 우리 학교에 남자 수학선생님이 오셨는데, 말을 진짜 재수 없게 하는 거예요. 우리 반 애들이 다 그 선생님을 싫어했거든요. 그러면 자연스럽게 수학이 싫어지죠. 애들은 대부분 참는데, 저는 또 욱해서 충동통제가 안되고 이런 게 있으니까 선생님한테 대드는 상황이 되어 버린 거예요. 선생님은 너 그런 식으로 하면 사회생활 못한다며 비꼬는 식으로 말을 하고요. 전 또 그걸 참아야 하는데, 못 참고 대들어서 한마디로 미운털이 박혀 버린 거죠. 그 일 이후로는 그런 식으로 한번 찍히면 계속 찍힌다는 거예요. 처음에 떠들어서 몇 번 걸렸죠. 근데 몇 번 걸리면 계속 눈에 띄잖아요. 그 후론 애들하고 똑같이 행동해도 자꾸 걸리게 되더라고요. 그래서 한번 찍히면 계속 찍히는 그런 상황이 된다고 내가 이야기한 거고요. 선생님 때문에 너무 스트레스를 받아서 막 울기도 했어요. 학교에 가기 싫어 가지고 엄청 울었었거든요."

"반대로 선생님 중에 나를 도와주고 싶어 하고 애정이 있는 분들이 계신데요. 그분들은 나의 ADHD 증상에 대해서 제대로 이해하지 못하시기 때문에 오히려 난감한 상황이 될 때가 있어요. 선생님이 나쁜 의미에서 그런 것은 아니고, 오히려 내가 학교 적응이 힘들어 보이니까 또래와의 관계 적응을 도와주려고 하셨지만, 오히려 선생님이 우리를 대하는 태도에 의해서 반 아이들에게 심각한 문제가 있는 아이로 비춰지는 경우도 있어요."

"한 가지 예로 담임선생님이 종례시간에 자기 짐을 교무실에 갖다 놓으라고 그러셨어요. 갖다 놓고 왔더니 종례가 끝난 거예요. 나는 다 끝났나 보다 그렇게 생각했죠. 나중에 친구가 얘기해 줬는데, 선생님이 애들한테 내가 왕따인 것처럼 그렇게 이야기를 하면서 나에게 좀 잘해 주라는 식으로 얘기했다는 거예요. 그 말을 들으니까 정말 짜증나고 왠지 애들이 나를 이상하게 보는 것 같기도 해서 애들한테 더 다가가기 힘든 부분도 있고 그랬어요."

"도와주시려는 선생님의 마음은 이해가 가지만, 내가 이상한 사람이 아닌데 아이들 앞에서 왕따인 것처럼 이야기하면서 잘해 주라고 이야기했다고 했을 때요. 뭐랄까, 내가 진짜 이상한 느낌, 자존감이 팍팍 떨어지는 느낌……. 그런 것이 나를 점점 어렵게 만들었어요."

5. 말을 많이 하게 돼요

배도희, 조아라, 이지연(2004)과 온싱글, 김은정(2003)에 의하면, ADHD 아동들에게는 타인의 감정이나 생각을 이해하

여 원활한 사회관계를 형성하고 유지하도록 하는 사회적 조망
수용능력 및 정서인식능력이 부족하여 정상적인 아동과 달리
대인관계에 많은 어려움을 가지고 있다. 이러한 관점에서 보
면 타인과의 대화에서 감정의 교류와 공감대를 형성하지 못하
고 겉돌고 있다는 불안함 때문에 이야기를 장황하게 많이 하
게 되는 상황이 생기기도 한다. 또한 '주변의 상황을 생각 안
하고 말한다.' '다른 사람의 입장을 모르고 말한다.' '친구들 말
을 듣기보다는 말을 많이 한다.' 등을 통하여 대인관계의 정서
인식과 공감능력에서 어려움을 경험함을 알 수 있다.

　이런 ADHD 청소년들의 어려움과는 달리 타인의 입장에서
보면, ADHD 청소년들이 말을 많이 한다고 해서 그들이 심리
적으로 불안함을 느끼고 있다고 파악하기는 어렵다. 단순히
말에 두서가 없는 사람, 산만하여 자신의 내용을 전달하지 못
하는 사람이라고 생각하여 말의 양을 줄이는 부분에 대해 주
의를 주게 된다. 이런 ADHD 청소년들의 심리적 불안감에 대
해 이해하지 못한 상태에서 듣게 되는 다른 사람들의 부정적
인 피드백은 ADHD 청소년들을 더욱 위축되게 만든다. 그런
위축감이 불안한 마음에 반영되면, 오히려 ADHD 청소년들을
더욱 산만하게 하고 말을 더 많이 하게 하는 악순환을 불러오
게 된다.

　이런 내용에 비추어 ADHD 청소년들의 이야기를 살펴보면,
'불안하고 안절부절못하면 말을 더 많이 한다.' '처음 보는 사
람에게도 말을 많이 하는데, 그 이유는 난감한 상황이 힘들기

때문이다.' '혼자 겉돌 때 말을 많이 해서 만회하려고 한다.' '상
황 파악이 안되어 갑자기 멍 때릴 때 불안해서 말을 많이 하게
된다.'라는 이야기를 한다.

♡ 홍수처럼 쏟아지는 말이 반복되는 '악순환'을 만
들어요

"불안하고 안절부절못하는 상황이 되면 말이 좀 많아지
는 것 같아요. 특히 처음 보는 사람하고 말할 때요, 자리가
불편하고 난감하잖아요. 그러면 정신없이 장황하게 말을 더
하게 돼요. 상대방이 보기에 내가 실없이 보일 수도 있을 것
같아요."

"내가 말을 장황하게 많이 할 때는 표현이 잘 안되는 부분
과 대인관계의 불안함 등이 반영된 거라고 생각돼요. 사람
들과의 관계에서 위축되어 불안하게 되고, 그런 감정이 나
를 장황하게 말하게 만들고, 사람들은 그런 나를 피곤하게
생각하고, 나는 점점 위축되는 악순환을 만들게 돼요."

"다르게 보면 어떤 면에서는 말을 많이 한다기보다는 장
황하게 한다는 표현이 맞을 때도 있어요. 변명이나 핑계 같
은 거를 할 때도 필요 이상으로 말을 많이 하게 되고요. 자
기합리화를 하기 위해서 장황하게 말을 하기도 해요. 대부

분의 사람이 자기가 좋아하는 관심 분야에 대해서는 흥분하면서 말이 많아지잖아요, 나 역시 그런데요. 때로는 정도에 지나치게 말을 많이 하게 되죠. 주변 사람들을 배려 안 하고 말을 많이 하게 되는 거죠. 그러다 보니까 대인관계에서 혼자 겉도는 느낌이 들고, 점점 대인관계에 어려움을 겪게 되고, 또 말할 친구가 없는 상태에서 말할 만한 상대를 만나면 더 말을 많이 하게 되니까 그쪽이 절 만나는 걸 피곤하게 느끼는 그런 경우도 있어요."

"다른 사람들에게 평소에 말이 많다는 주의를 많이 듣게 되는데요. 분주하고 산만하게 말해서 전달하려는 의도를 제대로 전달하지 못할 때 그런 말을 들어요. 상대방과 공감대를 형성하거나 감정을 나누면서 이야기하는 게 서투니까 대화가 겉돌면서 말만 많아지는 경우도 있어요."

"친구들하고 이야기할 때도 상대방에 대한 배려 없이 일방적으로 말을 하는 경우가 있어요. 애들 말을 듣기는 듣는데 내가 말하는 비중이 너무 커지게 돼요. 친구들에게 '네가 말을 줄여라.' '네가 좀 필요 없는 말을 많이 하는 것 같다.' '그래서 대화하기가 안 좋다.' 이런 충고를 들은 적도 있어요."

"한 가지 예로 내가 막 말하다가 애들이 하는 말을 들을 때, 애들이 무슨 말을 하는지 멍하고 못 알아들을 때가 있어요. 순간 상황이 이해가 안된다고나 할까. 그럼 불안해지는 거예요. 그걸 만회하기 위해서 말을 많이 하게 되고, 은근히 썰렁하게 되면 '아, 내가 또 실수했나. 어떡해.' 걱정되고, '혹시 내가 기분 나쁜 말이라도 했나.' 예민해지면서 장황하게 말을 많이 하게 되면 애들이 짜증내는 그런 상황이 반복되는 거죠."

6. 나는 친구관계가 많이 힘들어요

ADHD 청소년들은 자기를 표현하는 방법을 잘 모르기 때문에 타인과의 의사소통에서 자신의 의도와 다른 의미로 전달되는 경우가 많다. 또한 우발적인 상황에서의 대처가 미흡하기 때문에 오해를 많이 받는다. 이들은 공감력이 부족하여 대인관계에서 이루어지는 타인과의 대화에 공감대를 형성하지 못하고 겉돌고 있다는 불안감에 더욱 어려움을 겪게 된다. 이러한 미숙한 모습을 감추기 위해 과장된 행동을 하고, 이는 대인관계에서 일방적인 태도를 보이게 된다. 이런 이유로 대인관계에서 점점 더 어려움을 겪게 된다. 이들이 겪는 이러한 '서투름'이 대인관계에서의 서먹함을 만들게 되고, 더욱 대인관계를 맺는 데 어렵게 된다.

♡ '빈수레'가 요란해요

"이야기하다가 상황적으로 모를 때 순간 불안해지고 '내가 얘한테 약해 보이면 안 되는데.'라는 생각을 갖게 되어서 오히려 더 말을 많이 하게 되고 과장된 행동을 하게 되지요. 내 안에서는 불안하거나 좀 더 잘 보이거나 그렇게 하기 위해서 그러는 거지만 다른 애들이 보기에는 '쟤 뭐야?' '왜 저러는 거야?' '잘난 구석도 없으면서 왜 이렇게 잘난 척해?' 뭐 이런 식으로 오해를 많이 받을 수밖에 없는 상황이 되는 것 같아요."

"빈수레가 요란하다는 것도요, 과장된 나의 행동을 나타내기 위해서 쓴 말이에요. 과장된 행동을 통해서 다른 사람에게 좀 더 강해 보이고 싶은 거지요."

"학교에서는 반에서도요, 애들한테 강해 보이고 좀 더 세 보이려고 더 크게 말을 하고 그러죠. 그러면은 아이들이 좋아하지 않아요. 처음에는 잘 보이기 위해서 그런 건데, 속으로 따돌리고 그런 것이 오히려 역효과를 내게 되는 거죠. 다른 사람이랑 어울리지 못하고, 혼자 세 보이려고 하는 모습이 다른 친구들한테는 당연히 재수 없게 보이겠죠. 그리고 다른 애들한테는 자기만 잘났다고 자기 혼자 그러는 것처럼 보이는 거죠. 사실 잘난 것도 없으면서 그렇게 하면 나라도 따돌릴 수밖에 없을 것 같아요. 일부러 과장된 행동을 해 가지고 더 많이 따돌림을 당하는 경우도 있어요."

"다른 예로 국어시간에 그런 일이 있었어요. 수업시간에 심하게 장난을 치고 말을 많이 해서 선생님이 저에게 짜증을 냈거든요. 그랬더니 애들이 수업시간에 '쟤 왜 저래.' 이런 말을 했어요. 수업시간에 대놓고 그랬더니 국어선생님이 저를 교무실에 앉혀 놓고 네가 보기에 겉으로 강해 보이고 싶어서 그러는 것 같다고 하셨어요. 그런데 실제로 그렇거든요. 그때 알았어요. 내가 마음하고는 다르게 과장되게 행동한다는 것을요. 그래서 내가 울었던 기억이 나요. 선생님이 말씀하신 대로 내가 애들한테 강해 보이려고 수업시간에 그렇게 큰 소리로 말하고 행동하는 것들이 사실 다 맞는 말이에요."

♡ 대인관계에서 일방적인 태도를 취해요

"충동조절이 안되어 기다리지 못하는 문제와 상황을 파악하지 못하고 일방적으로 말을 해 버려서 상대방을 기분 나쁘게 만들고 괜한 오해를 만들기도 해요. 괜한 오해를 받을 때는 상대방의 말에 어떤 식으로 대답을 해야 하는지 모르기 때문에 그 친구한테는 나의 행동이 상대방에 대한 배려가 없는 일방적인 행동이라고 오해를 받아요."

"상대방의 마음을 읽고, 맞추고 그런 것이 안돼서 사람을 대할 때 굉장히 서툰 부분이 있는데, 그런 이유가 바로 나의 일방적인 태도 때문에 그런 것 같아요. 상대방이 말할 때 듣지 않고 내가 하고 싶은 말만 일방적으로 해 버리거나 또 상대방의 상태나 상황 파악을 못해서 내가 일방적으로 행동해 버리는 경우가 많이 있다는 거죠."

"친구들하고 있는데 주변 사람들 생각은 안 하고 일방적으로 내가 하고 싶은 대로만 말하는 경우죠. 한 가지 예로 친구들하고 있을 때 내가 얘기하고 나서 썰렁한 분위기가 되면 내가 뭘 잘못했나, 실수를 한 것이 있나 걱정한다고 했었잖아요. 그런 것도 역시 상대방이 어떤 상태인지 그런 건 생각 안 하고 일방적으로 내가 하고 싶은 대로만 하는 부분이라고 할 수 있겠죠."

"그리고 초등학교 때는 그런 상대방의 배려나 걱정을 하지 않았기 때문에 일방적으로 말을 해 버리고, 그래서 친구 관계가 안 좋아진 그런 부분이 있었어요. 청소년이 되고 나니까 그런 경험들이 '아! 내가 일방적으로 말을 하면 안 되는데, 그럼 또 친구가 사라질 수 있겠다.'라는 걱정이 앞서기 때문에 조심을 하지만, 내가 일방적으로 말하는 것은 대인관계에서 어떤 식으로 말을 해야 하는지 몰라서 그런 부분도 있고, 타인과의 관계에서 공감을 못하기 때문에 그렇게 하는 경우도 있는 것 같아요."

"다시 생각해 보면 애들이 말하는데 듣지도 않고 이러니까 친구들은 화가 나죠. 친구들이 화가 나서 저한테 뭐라고 한 그런 경험들이 많이 있어요. 그래서 친구랑 의절하는 경우도 있었거든요. 그리고 또 어떠한 부분에 있어서 내가 말이 되게 많아요. 때로는 지나칠 정도로 말이 많아요. 보통은 사람들이 말을 할 때 주변 사람들이 어떻게 생각할지 생각하면서 말을 하는데, 저는 충동조절이 안 되면서 막 말이 나오는 것이고 타인에 대한 입장을 잘 이해를 못하니까 주변 사람들을 배려 안 하고 얘기를 한다는 거죠."

"대화를 할 때 상대방하고 주거니 받거니 하는 그런 기술이 나한테는 없기 때문에 상대방과의 관계에 있어서 내가 일방적인 태도를 취해 버리게 되거나 상대방을 생각 안 하고 일방적으로 하게 되는 것 같아요."

♡ '서투름'이 관계의 서먹함을 만들어요

"미안한 행동을 하고는 어떻게 수습해야 할지 모르니까 그럴 때 가만히 있어요. 그럼 관계가 서먹해지는 걸 경험할 때도 있고요. 뭐라고 할까, 공감이 적절한 표현일지 모르겠지만 친구들과의 관계에서 공감이 안되는 부분이라고 할까요. 내가 아이들 말에 막 껴요, 그럼 공감하고 호응하는 분위기가 아니라 나 혼자 막 얘기하는 상황이 되는 거죠. 그걸 만회하려고 일부러 말을 더 많이 하게 되니까 한순간 썰렁한 분위기를 만들어 버리게 되는 거죠."

"친구들과의 관계에서 내가 아무 생각 없이 말해서 아이들의 기분을 나쁘게 만든 경우도 있고, 사람을 사귀어야 하는데 어떻게 다가가야 하는지 잘 모르는 경우도 있어요. 실제로 친구를 사귀고 싶고, 그 무리에 속하고 싶은 욕구가 있지만 아이들하고 놀거나 그럴 때 썰렁한 분위기를 만들게 되거든요. 그럼 그걸 만회하기 위해 말을 많이 하게 되고, 그 애들의 말에 공감을 못할 때 친구들이 말하는 데 잘 끼지 못하는 경험들, 이런 것이 관계의 서투름을 만들어요."

"나는 친구랑 친해지는 방법을 잘 모르는 것 같아요. 친구한테 고마운데 그것을 잘 표현도 못하고 그래요. 친하게 지낸 친구가 한 명 있었는데요. 전 진짜 친한 사람들한테 막 대하는 버릇이 있는 거예요. 그러고 나면 되게 미안해요. '고마워!' 이런 식으로 표현하고 싶은데 오히려 장난치게 되는 거예요."

"한 가지 예로 내가 친구를 만나기로 했는데 좀 늦게 나왔어요. 내가 막 강하게 뭐라고 그러는 거예요. 걔도 기분 나쁘잖아요. 사실 속마음에선 걔가 나를 만나 주고 있는 게 고맙지만 그런 것을 잘 표현하지 못하는 것들, 결국 그런 서투른 것이 관계의 서먹함을 만들어 내는 것 같아요."

04

대인관계 속에서
꿈틀대는 남다른 생각

'증상'이라고 이야기되었던 것이 ADHD 청소년들에게는 일상생활에서의 부당함과 부적응이었다. 이러한 어려움 속에서 자신만의 생각에 빠져서 나와 타인에 대한 부정적 생각과 감정을 가지게 된다. 타인에게는 증상으로 보이는 것이 ADHD 청소년들에게는 어떻게 부정적인 경험이 되고, 부정적인 감정이나 사고로 이어질 수 있는지를 저자의 이야기와 학생들의 이야기를 통해 들어보고, 이를 통해 ADHD를 겪고 있는 청소년들의 경험을 이해하고자 한다.

1. 자신감이 없어져요

이정순(2005)에 따르면, 주변 사람들로부터 지속적으로 부정적인 피드백을 받는 아동은 사회성 발달에서 부적응적 영향을 받게 된다. 그 결과 자존감이 낮아져서 자신이 하는 일에 자신감이 없어지고 우울감이 생길 수 있다.

ADHD 청소년들은 사회적 상호작용 속에서 주변의 가족, 선생님, 친구들로부터 지속적으로 부정적인 피드백을 경험하고 있다. 이런 부정적인 경험들이 이들에게는 '나만 뒤처지는 느낌이 든다.' '나의 실수로 친구를 잃을까 봐 친구 사귀는 것이 자신 없다.' 등의 생각으로 자리 잡게 되어 대인관계에서 자신감의 상실로 이어짐을 이야기하고 있다.

♡ 자신감이 '하행선'을 타고 달려요

"흔히 '하행선'이라는 말은 낮아진다는 의미의 말이잖아요. 자신감이 점점 떨어진다는 의미로 보면 좋을 것 같아요. 그런데 완만하게 떨어지는 게 아니라 정말 훅 떨어져서 나만 뒤처진다는 생각이 끊임없이 들어요."

"가족 내에서는 항상 동생하고 비교당했거든요. 그럴 때 '내가 야무지지 못해서 동생이 나를 이렇게 얕보는구나.'라고 생각해요. 그러면서 점점 형제관계에서도 자신감이 없어지는 것을 경험하게 되죠."

"친구관계에서는 친구를 만나거나 그럴 때 자신감이 없어서 정말 좋은 친구이고, 사귀고 싶은 친구인데도 접근하지 못하는 때가 있거든요. 왜 그러냐면 과거에 내가 행동을 잘못하고 친구를 사귀어도 금방 잃어버리고 해서 또 그렇게 될까 봐 두려운 거예요. 나를 이상한 애로 보면 어떡하나 하는 그런 마음 때문에 잘 접근하지 못했어요."

"학교에서는 몸집이 커서 초등학교 때 땀도 많이 흘리고 해서 애들이 많이 놀렸거든요. 게다가 그런 일이 있고 나니까 사람들한테 더 못 다가가겠더라고요. 학교에서 애들하고 못 놀고 위축되고 그러니까 교회를 가도 자신 있게 애들 앞에 당당히 나서지 못하게 돼서 사람들을 잘 못 사귀게 되는 것이 반복되었어요."

"주위에서 부정적인 말투로 '나댄다.'라고 말하는데요. 내가 점점 자신감이 없고 쭈뼛쭈뼛하니까 더 나를 무시하는 것 같아서 그걸 안 보이려고 더 나부대고 산만하게 행동하는 경우도 있었어요."

"초등학교 때는 그런 것을 잘 모를 때니까 생각되는 대로 행동하고 그랬는데 이제 나도 커 가잖아요. 커 가면서 내가 잘하는 게 없고 실수투성이인 것을 느끼고 그러니까 점점 더 나 자신에 대한 자신감이 사라져요. 그런 자신감이 사라지는 것은 친구를 만나거나 내가 어떤 일을 할 때도 지속적으로 영향을 미쳐요."

2. 불안해져요

ADHD 청소년들은 부모와 학교 선생님으로부터 끊임없이 꾸중을 듣고, 친구관계에서도 상황에 대한 이해 부족으로 갈등 상황을 되풀이하게 된다. 이로 인해 ADHD 청소년들은 상황을 바라보는 부분에서 객관적이지 못하고 피해적 사고와 함께 정서적 불안감을 경험하게 된다고 한다(Barkley, 1990). 그리고 이런 경험은 자신감의 상실을 가져와 악순환을 만든다.

ADHD 청소년들은 대인관계에서 '내가 또 실수하면 어떡하나 하는 생각이 나를 불안하게 만들어요.' '아이들과 못 낄까봐 불안해요.' 등 스스로에 대한 확신이 없어 관계에 대해 불안감을 느끼고 있다고 한다. ADHD 청소년들의 이러한 불안함은 부산함과 과잉행동의 성향을 더욱 부추겨 악순환의 고리를 만들어 내고 있었다.

💛 나도 모르게 '체화(體化-몸에 익숙해진)'된 불안감

"불안하고 초조한 게요. 나의 온몸에 담겨져 있다는 뜻으로 보시면 될 것 같아요. 어릴 때를 생각해 보면 애들하고 노는데 그 애들하고 못 낄까 봐 '아! 또 내가 못 끼면 어떡하지.' 하는 그런 불안함도 되게 많았어요. 어떤 얘기를 했는데 상황이 되게 썰렁해질 때도 '아! 내가 또 뭘 잘못했나.' 이런 생각이 들면서 불안하고 초조해져요."

"한 가지 예로 애들하고 이야기하는데요, 썰렁해질 때 '혹시 내가 썰렁하게 해서 나를 싫어하는 것이 아닌가?' 이런 불안함과 걱정되는 마음이 많이 들어요. 그러면 나도 모르게 막 말을 많이 하게 되고, 분주하게 되는 상황들이 있거든요. 다른 사람들이 보기에는 내가 남의 눈치도 안 보는 것 같지만 의외로 되게 예민하고, 다른 사람 눈치도 많이 보고 그래요."

"어릴 때부터 내 몸에 불안한 마음이 있었던 것 같아요. 그것을 딱히 불안이라고 표현하지 않아도 뭔가 편하지 않은 느낌이 맞을 것 같아요. 그런 상태에서 새로운 자극들을 만나면 더 부산하고 산만해졌던 것 같아요. 그러면 친구들이 "야, 너 이상해. 너 또 왜 이래?"라고 얘기할 때가 있는데요. 지금 생각해 보면 '불안하고 초조해서 그랬구나.' 하고 생각돼요."

♡ 인지왜곡의 풍랑 속에서 '현실감' 지키기

"제가 느끼기에는 인지왜곡이라는 말이 되게 어려운 말인
데요. 내가 받아들이고 느끼는 것, 근데 그것을 잘못 받아들
이는 거라고 보면 될 것 같아요. 생활하면서 혹시나 하고 의
심하는 마음이 드는데, 그런 생각들이 어떤 때는 맞는 것 같
기도 하고 혼란스러우면서 현실감 없이 나에게 다가올 때가
있거든요. 그런데 상담을 받을 때 내가 느끼는 그런 생각의
상태를 인지왜곡이라고 한다는 걸 그때 알았어요. 맞는 것
같기도 하고, 정말 나를 감시하는 것 같기도 하고, 정말 나를
이상하게 보는 것 같기도 하고, 마음속에서도 '맞나?' '아닌
가?' 혼란스러워하면서도 현실감을 지키는 것, 그런 마음에
서는 불안한 마음이 제일 크다고 할 수 있을 것 같아요."

"그리고 답답한 것은 '왜 나는 남과 다른가?'라는 생각이
나를 힘들게 해요. 그것도 힘든데 내가 여러 가지 실수를 하
고 산만하고 주의집중도 안되고 그러니까 많이 혼나게 되거
든요. 그러면서 나의 자존감이 현저하게 떨어져요. 그럴 때
마다 내면의 의심하는 마음과 싸움을 하게 돼요."

"한 가지 예로 집에 있으면요, 엄마가 자꾸 나를 감시한다
는 느낌이 들 때가 있어요. 컴퓨터할 때 엄마가 내가 시간을
지키나 안 지키나 감시하는 것 같고, 아빠가 뭘 시켜도 내가
잘하는지 아빠가 감시하는 느낌이 들곤 해요. 그리고 엄마

가 뭘 시킬 때마다 내가 실수를 많이 하거든요. 그러면 '엄마
가 나를 참 못났다고 생각하겠구나.' '엄마가 나 때문에 답답
하겠구나.' 이런 생각을 많이 하게 돼요. 그래서 사람들이 내
가 못하는 부분을 봤을 때 비웃을 것 같은 느낌도 들고 쟤는
참 이상한 애라고 생각할 것 같기도 하고 그래요."

"밖에서의 친구관계에서도 갑자기 내가 어떤 이야기를 했
는데 썰렁한 느낌이 들고, 그럴 때 '아… 애들이 날 또 바보
라고 느끼는구나. 날 또 이상하게 보는 건 아닐까?'라는 그
런 지레짐작의 마음이 들면서 정말 또 그렇게 되는 건 아닐
까 하는 생각이 든다는 거죠."

"그들이 그렇게 생각하지 않을 거라는 걸 알면서도 그렇
게 되면 어떡하나 걱정되고, 마음이 불편해지곤 해요. 나는
이것을 '인지왜곡과 현실 사이에서 불안한 마음이 왔다 갔다
한다.'라고 표현하고 싶어요."

3. 쌓아 놓은 감정이 한꺼번에 터져 나와요

이야기를 들려준 ADHD 청소년들은 청소년 중기와 후
기의 학생들이었으므로 자신의 상황을 느끼고 표현하는 것
을 비교적 객관적으로 설명하는 게 가능했다. 이들은 자신
의 상처받은 감정을 내면적으로 승화하기 위해 노력하고 있

었는데, 이와 관련하여 '내가 실수할 때도 있지만 그게 아닐 때도 있어요.' '제가 아무리 열심히 해도 저의 산만함에 가려 제가 노력한 것은 인정되지 않아요.' '나도 잘하고 싶은데, 정말 내 마음에 있는 나를 잘 표현해 보고 싶은데 표현이 안 되고, 또 내가 원하는 만큼 집중도 안되어 너무 억울해요.'라 고 이야기하였다. 그러나 이런 어려움 때문에 그들은 '스스 로 마음의 문을 닫아요.'라고 하면서 그런 상황을 만든 자신 을 탓한다고 이야기하고 있다.

♡ 깐죽깐죽하거나 의기소침해져요

"나는 ADHD 증상 때문에 끊임없이 문제행동을 유발하게 되는데요. 그래서 혼나게 되면 의기소침해지거나 아니면 분 노 감정을 갖게 돼요. 그런 감정들이 분출되지 않고 내 안에 있게 돼요. 어떤 경우에 그런 분노가 한꺼번에 터지는 경우 도 있지만 그렇지 않은 경우도 많거든요. 그것이 표현이 안 되지만 왠지 화나고 뭔가 마음에 안 들고 불편할 때 나오는 나의 행동이 다른 사람을 깐죽깐죽하면서 건드리는 거예요. 주로 나보다 나이 어린 애들이나 아니면 부모님한테는 말을 안 듣는 걸로 표현하기도 하고요. 그러다 혼나게 되면 혼자 짱 박혀서 의기소침해지기도 해요."

"보통 깐죽깐죽할 때는 만만한 상대에게 그러는데요. 가족 중에서는 동생하고 싸우고 엄마한테 혼날 때 만만한 것이 동생이니까 동생한테 깐죽깐죽, 걔가 날 건드렸듯이 나도 또 걜 건드리는 거죠. 깐죽거려서 일부러 싸움을 걸기도 해요. 그러나 만만하지 않은 사람들한테는 의기소침해지고 위축되어 가지고 구석에 짱 박혀 있곤 해요.”

“지나고 보니 초등학교 때는 뭐가 뭔지도 모르고 상황도 잘 모르고 그랬는데요, 중학생이 되니까 상황을 좀 알겠더라고요. 그런 불편한 마음을 제대로 표현하지 못하니까 주변 사람들을 괴롭히거나 하는 수동공격적인 행동을 하게 되는 것 같아요.”

♡ 미묘한 감정이 빼앗고 빼앗기는 관계를 만들어요

“빼앗고 빼앗기는 현상의 핵심은 갈등이에요. 예를 들어, 엄마라는 존재는 나에게 끊임없이 양면의 감정을 만드는 사람이에요. 엄마에게 생활의 전체적인 부분을 의존하면서도 나의 행동을 일거수일투족 감시하지요. 그러면서도 끊임없이 엄마의 사랑을 갈구하게 되는데, 엄마의 사랑에 대해 형제와 미묘한 감정이 일어나곤 해요. 그래서 형제 사이에는 엄마의 애정에 대해 빼앗고 빼앗기는 관계가 형성된다고 할 수 있지요. 그런 상황에서 나의 부산스럽고 산만한 행동들은 불리한 입장을 만들곤 해요. 그것 이외에도 집에서 형제와 다양한 빼앗고 빼앗기는 관계가 형성돼요. 여기에는 TV 프로그램이나 컴퓨터 사용 시간, 맛있는 음식에 대한 경쟁, 부모에게 칭찬받기 등이 해당돼요. 이런 경우에 내가 경험 하는 부산하고 산만한 행동들은 경쟁관계에서 불합리하게 작용해요. 왜냐하면 나는 나의 산만성으로 인해 야무지지 못하고 실수를 연발하게 되거든요. 그것 때문에 동생에게 무시당하고 엄마가 나만 혼내게 되는 상황이 되죠."

"동생이 나보고 남 상관하지 말고 본인 일이나 잘하라고 무시하는 말을 하면 너무 화가 나서 동생을 흠씬 두드려 주 게 되고, 그러면 엄마는 나를 나무라게 되곤 해요. 내가 생 각해도 내가 야무지지 못해서 동생보다 사고를 많이 치는 건 사실이니까 할 말이 없긴 해요. 그런데 치사하게도 동생 이 교묘하게 나의 약점을 이용할 때는 너무나 미운 감정을 가지게 돼요."

"되돌아보면 나의 주의력결핍과 과잉행동으로 인해 형제 도 피해를 보는 부분도 많은 것 같아요. 대부분의 집이 형제 끼리 빼앗고 빼앗기는 관계를 경험하잖아요. 하지만 특별 히 ADHD 청소년들의 경우에는 '몸 따로 마음 따로' 경험으 로 인해서 생기는 가족 내에서의 갈등이 더 많다고 할 수 있 어요."

♡ 온몸으로 저항해요

"저항이라는 거 자체가 반대 방향에 작용한다는 의미를 갖고 있잖아요. 저항이란 것 이면에 분노 감정이 깔려 있는 거예요. 왜 분노 감정이 깔려 있냐 하면요. 사실 저희 같은 경우에는 ADHD 경험으로 다른 사람을 많이 힘들게 한 건 사실이에요. 그런데 다른 사람들도 역시 저한테 그것으로 인해서 인신공격을 할 때도 있고, 되게 안 좋은 말을 많이 했다는 거죠. 청소년기가 사춘기랑 같이 맞물려 있잖아요. 반항하는 시기랑 맞물리게 되면서, 나한테 내재된 그런 분노 감정들을 온몸으로 저항하면서 표현하곤 했어요."

"엄마나 아빠가 저한테 너무 뭐라고 그러는 것은 아니지만, 다른 애들보다 제가 많이 움직이는 건 사실이니까 아무래도 저를 좀 억압해 놓는 부분이 있어요."

"특히 집 같은 경우, 나를 이해해 주고 나를 온전히 받아 줬음 좋겠는데 되게 많이 혼나는 상황이 되고, 그럴 때 나도 분노 감정이 쌓이는데 그런 것들을 부모님한테 표출할 수 있는 것은 아니잖아요. 그런 부분에 있어서 저항을 하게 되는 것 같아요. 뭐 이런 거죠, 엄마가 나만 혼내서 정말 억울하거든요. 그게 내 마음이 아니라고 표현하고 싶은데 그게 잘 안돼요. 그럴 때 정말 답답하거든요. 그러면 어떻게 하겠어요. 진짜 짜증 나서 막 소리를 질러 버리면 엄마가 화가 나서 나를 더 때리는 그런 상황이 되고 서로 가슴에 상처되는 말들을 하게 돼요."

"예전의 경우를 보면 어릴 때는 시키면 시키는 대로 하긴 하는데 엄마가 잔소리하면서 그런 얘기하면 정말 안 하게 되는 거예요. 귀찮아서 뭉그적거리게 되고, 그럼 엄마는 속이 타서 뭐라고 하게 되고 그렇게 되는 거죠, 뭐. 초등학교 때 엄마 때문에 정말 화가 많이 났어요. 너무 화가 나니까 글씨 쓰면서 팔에 막 힘을 줬어요, 연필심이 부러지라고요. 엄마한테 화를 못 내니 괜한 연필에 화풀이한 거죠."

"내가 어릴 때는 엄마한테 막 혼나고 그럴 때 화가 나도 덤비지 못하는 상황이었지만, 지금은 좀 커서 엄마한테 내가 대들거나 삐딱하게 굴게 돼요. 아직도 나를 적절하게 표현하는 것이 어려워요."

♡ 나의 의도와는 다르게 표현되는 '나의 몸짓'에 화가 나요

"다른 사람들이 나의 산만함에 대해 제대로 이해하지 못한다는 것을 알고 있고, 그래서 그냥 나 자신의 탓으로 돌려요. 그럴 때마다 '나는 왜 남하고 다를까?' 하는 소외감과 우울한 마음이 들어요. 이런 마음이 성장하면서 사람들과 맺는 관계나 어떤 일을 추진하는 데 있어서 항상 마음의 선을 먼저 그어 놓게 돼요."

"다른 사람들이 나를 이해할 때, 있는 그대로의 나를 이해하지 못한다고 할까요. 좀 덜렁덜렁하고 건성건성한 것도 하나의 성격일 수 있는데 왜 사람들은 남들하고 비교해서 나를 산만하게 보냐는 말이죠."

"물론 실수도 잦지만 내가 정말 실수를 하고 싶어서 그런 게 아니라 내가 뭔가 표현하고자 하는 게 어설퍼서 그런 건데 사람들한테는 산만으로 표현되는 부분들이 있거든요. 내가 주위가 산만하고 부산스럽게 보이는 것은 보이는 것이 그런 거고 사실 속마음은 그게 아닌데, 다른 불편함이 있는 건데, 그 사람들은 정말 내 안에 있는 마음을 이해해 주지 못하는 거잖아요. '왜 내가 하는 것이 다른 사람들한테는 다른 몸짓으로 전달될까?' 하는 생각을 하면서 사람들 말에 굉장히 많은 상처를 받는 게 사실이에요. 사람들한테 상처를 받은 것이 성장하면서 사람을 만나는 데 영향을 미친다고 할 수 있겠죠."

"'확실히 이런 문제는 내가 남하고 다르구나. 나의 의도가 다른 사람들한테 다른 몸짓으로 보이는구나.' 이런 것들이 소외감하고 우울감 등을 만들어 내는 것 같아요. 이런 소외감과 우울감으로 인해 성장하면서 사람들과 친구들과의 관계에 섞이지 못하게 되고, 보이지 않는 하나의 막을 만들게 되고, 점점 크면서 내가 사람들과 맺는 관계나 어떤 일을 추진하는 것에 많은 영향을 미친다고 볼 수 있겠죠."

"궁극적으로 나의 의도와는 다르게 다른 사람들에게 나의 몸짓이 전달되는 것은 굉장히 답답해요. 그리고 있는 그대로 나를 봐 주지 않는 것에 대한 화나는 마음과 '내가 다른 사람하고 다르구나.' 하는 소외감이 생겨요."

"하지만 그 이면에 제일 큰 영향을 미치는 것은 내가 나 자신한테 화가 나는 부분이에요. 정말 나 자신이 형편없게 느껴지는 부분들, 나는 그게 아닌데 다른 사람한테 이상한 사람으로 보이게 되고, 부산하고 산만하며 충동적이고 문제 있는 애로 보이는 것에 대해 나 자신에게 화가 나는 부분이 있어요."

♡ 모든 게 내 잘못이고, 내 탓인 거 같아요

"좀 억울한 부분들이 있어요. 나의 의도는 이게 아니었는데, 실수 연발을 하게 될 때 또 장난치거나 사고를 친 것으로 보일 때 많이 억울하고 속상하지만 모두 나의 실수인 것을 인정할 수밖에 없게 돼요. 그리고 나의 마음에 억울한 부분이 있는데, 그것을 '아휴, 그냥 참는다.' 하고 마음을 먹어요. 억울한 마음이 깔려 있지만 이렇게 체념하면서 마음을 닫아 버리게 돼요."

"그럴 때 참 화가 나요. 나를 어떻게 표현해야 하는지 잘 모르고, 내가 하는 일에 대해서 잘 인정받지 못하고 그러니까요. 하지만 궁극적으로는 내가 실수를 하고, 내가 못나서 그렇기 때문에 그냥 참아 버리죠. 나 스스로 참아 버리고 마음의 문을 닫아 버리게 되고 그러면 좀 억울한 부분이 있지만 그냥 그렇게 넘겨 버리면서 내 안에는 분노 감정이 쌓여요."

"한 가지 예로 엄마가 계속 나를 혼낼 때요. 그 상황이 내가 정말 의도해서 그런 게 아닌데 엄마한테는 계속 내가 실수한 걸로 보이는 거잖아요. 그럴 때 그냥 그러려니 하고 참아요. 그러면서 서서히 엄마하고의 관계에서 마음의 문이 닫히는 거예요. 그런데 차별하는 문제에 대해선 체념하면서도 화가 올라와요. 내가 엄마한테 반복적으로 혼나는 것을 동생이 이용하는 거예요. 엄마는 동생이 그런다는 걸 잘 모르고 부당하게 보인 나의 모습 때문에 동생과 차별해요."

"초등학교 때까지는 내가 실수한 부분이 있어도 용납 안 하고 집에서도 고집을 부렸는데, 중학생이 되고 보니까 사실은 내가 다 잘못해서 생긴 일들이더라고요. '모두 다 내 잘못이다.'라고 생각하게 되어서 그냥 참으려고 해요. 그리고 초등학교 때는 엄마가 차별하면 막 떼쓰고 오히려 내가 먼저 화를 내고 그랬는데, 중학생이 되고 나니까 그것도 귀찮게 여겨져요. 어차피 내가 잘못한 일이고 내가 벌여 놓은 일이니까 그냥 억울해도 참아야 돼요."

"제일 속상한 것은요. 내가 정말 시험공부도 열심히 했는데요, 저의 그 산만함으로 인해서 그런 것을 인정받지 못할 때가 있거든요. 이럴 때 정말 많이 속상한데 그것을 어떻게 표현해야 하는지 잘 몰라요. 그럴 때 체념하는 마음을 갖게 되죠."

♡ 꿈틀거리는 분노가 '활화산'이 되어 버려요

"나의 몸속에는 화난 감정이 있는 것 같아요. 그런 분노의 감정들이 한꺼번에 터져 나오면 정말 활화산처럼 뿜어져 나와요. 몸속에 쌓여 있는 분노 감정이 확 터져 나와서 충동통제가 안되고 거침없이 뿜어져 나와요. 그리고 이렇게 분노가 터져 나오기 전 단계에 내가 거칠어지는 걸 경험하곤 해요."

"나는 절대로 남을 먼저 건드리지 않아요. 나를 자극하게 하는 원인을 상대방이 먼저 제공하거든요. 진짜 그럴 때 막 싸대기를 날려 주고 싶고 확 열이 받아요. 그래서 초등학교 때는 많이 싸웠지만, 점점 커 가면서 그래도 조금 자제하는 마음이 많이 생기게 되는 것 같아요."

"나도 그러고 싶지 않은데 화가 나서 통제가 안되면 더 충동적으로 변하고 머리는 멍해지면서 산만하고 막 짜증이 나죠. 그럴 때 나 자신에게도 화가 나고 다른 사람들에게도 화가 치밀어 올라오기도 해요."

"예를 들어, 내가 그냥 거칠어지는 건 아니고요. 반드시 나를 거칠어지게 하는 어떤 자극원이 있어요. 애들이 나를 놀리고 그럼 나도 방어하지요. 그런 식으로 계속 참다가 어느 순간에 너무 화가 나면 나도 모르게 주먹이 나가요. 화가 나서 주먹으로 뭐 싸대기를 갈긴 적도 있었고 그 후에는 내가 나를 통제하기 힘들 정도로 분노가 표출돼요."

"어릴 때부터 동네 애들하고 많이 싸우고 그랬어요. 막말 하게 되고, 대개 다혈질로 변해서 싸우면 주먹부터 막 나가게 되고 화가 나면 못 참게 돼요. '충동조절이 안된다.'라고 표현하는 게 바로 그렇게 되는 부분 때문인 것 같아요. 그때 화가 나면 내 안에 잠재되었던 분노가 같이 나오는 것을 경험할 때도 있거든요."

"다행히 요즘은 그래도 잘 조절하는 편인데요. 초등학교 때까지는 그러지 않았었거든요. 애들이 놀리거나 그러면 화가 나서 마음에도 없는 막말을 내뱉어 버렸어요. 내가 어릴 때 키가 좀 작았었거든요? 그런데 4, 5학년 되니까 몸에 힘이 붙어서 화가 나면 나도 모르게 욱하고 충동적으로 나오는 부분들이 있어요. 또 어릴 때를 생각해 보면 은근히 부모한테 '억압받았다'는 느낌이 많이 들어요. 내가 원체 산만하기 때문에 부모님에게 '뭐 하지마.'라는 이야기를 많이 들었고, 또 형제하고 비교당하면서 나 스스로가 '억압당했다'는 느낌을 많이 받았어요. 또 내가 사고를 많이 쳤기 때문에 그런 것 같아요. 내 몸 스스로가 제어를 해 줘야 하는데 자기 맘대로 막 움직이고 그러거든요. 그러고 나면 엄마한테 혼나게 되고, 엄마는 화가 나서 더 많은 화를 내게 되니까 스스로 화를 참았다가 폭발하는 것을 반복해서 경험하는 것 같아요."

4. 나는 남하고 달라요

김연희 등(2003)은 어릴 때부터 대인관계에서 부정적인 상호작용을 경험하게 되면, 사용하는 어휘에 대한 개념도 자의적으로 형성되고 인지하게 된다고 주장했다. 또한 대인관계를 통해 생기는 '나'와 '외부 세계'의 관계형성 문제가 성인이 되어서도 사회 부적응의 문제를 만들어 낸다고 지적하였다. ADHD 청소년들은 사회적 상황을 있는 그대로 바라보거나 공감하는 부분에서 어려움을 느낀다. 자신이 남들과 다르고, 그런 부분을 있는 그대로 받아들이지 않는 상황이 반복되면 큰 혼란을 경험할 수 있다. ADHD 청소년들은 자신의 의지와는 다르게 표현되고 받아들이는 상황을 경험하면서 자신이 남들과 다르다는 생각을 가지고 있었다. 또한 다른 사람들에게 오해를 사거나 의도가 잘못 전달되는 부분에 대해 답답함을 호소하고, 이 때문에 자존감이 떨어진다고 토로하였다. 그들의 이야기를 들어 보면 자신을 있는 그대로 봐 주기를 희망하고 있다. 여기서 있는 그대로의 모습이란 드러나는 행동이 아닌 내면에서 표현되지 않는 자신의 모습까지도 그대로 봐 달라는 의미로 해석할 수 있다. 특히 제일 가까운 부모가 자신을 문제가 있는 아이로 보고, 있는 그대로의 모습으로 인정해 주지 않는다는 생각은 스스로에게 문제가 있다고 여기게 된다. 이런 생각은 자신을 있는 그대로 받아들이지 않는 것에 대해 '답답함'을 호소하기도 하고, 그러한 자신의 모습과 그렇게 받아들이는 타인에 대해 화가 나는 경험을 하기도 한다.

♡ 나의 행동이 다른 사람에게 산만으로 전달돼요

"나는 호기심이 되게 많거든요. 그래서 호기심이 생기면 가만히 있어야 한다는 것을 잊어버리고 부산스럽게 움직여요. 내가 부산해질 때는 그냥 부산해지는 건 아닌 거 같아요. 그 전에 분명히 나를 자극하는 뭔가가 있다는 얘기예요. 그게 많아지는 게 문제가 되는 거죠. 그리고 사람들은 나의 행동을 보고 '주의집중이 안되고 산만하다.'라고 얘기하잖아요. 그런 상황을 나의 입장에서 보면 어떤 자극되는 게 있는 거예요."

"그래서 여기저기 돌아다니고 한군데 있지 못하고 이럴 때 사람들이 '참! 산만하구나.'라고 말을 하지요. 호기심이

생겼을 때 가만 있어야 한다는 것을 잊어버리고 막 돌아다
녀요. 그럼 사람들은 호기심이 눈에 보이는 게 아니니까 그
걸 알지 못하고 제가 돌아다니는 것만 보게 되잖아요. 그럴
때 산만하다고 그래요. 내가 그냥 산만해지는 게 아니에요.
반드시 나를 산만하게 하는 뭔가가 있다는 거죠. 외부 자극
요인에 의해서 산만해진다고 보면 될 것 같아요."

"한 가지 예로 학교에서 공부에 집중 안 하고 막 왔다 갔
다 해서 산만하고 정신없을 때 선생님이 '음, 너는 참 산만하
구나.'라고 이렇게 말해요. 나도 정신이 없죠. 이럴 때 몸이
자기가 알아서 움직이고 이 순간 어떻게 해야 될지 모르는
그런 상황이 되거든요. 그럴 때 좀 더 부산하고 산만해지니
까 당연히 산만하다는 얘기를 듣게 되는 거죠."

"그리고 애들이 떠들면 나도 덩달아서 막 떠들어요. 빨리
집중을 해야 하는데, 정신을 못 차려서 계속 떠들고 있을 때
또 산만하다는 얘기도 듣게 되고, 나도 모르게 우왕좌왕 막
움직이는 상황이 되어 버린다는 거죠. 그러면 정신없어지
잖아요. 그럼 되지도 않는 말을 막 하게 되니까 그럼 애들이
또 '아! 짜증 난다.' '산만하다.' '너 때문에 정신이 없다.'라는
말을 해요. 그냥 가만히 있지 못하고 몸이 자기 맘대로 움직
여요. 그러면서 생각이 없어지고 쉼 없이 움직이죠."

"되돌아보면 초등학교 1학년, 2학년 때 저 말고도 이런 애
들이 많았었는데, 수업시간에 일어나서 막 돌아다녔거든요.

지금 생각하면 '내가 그때 그랬구나.' '아, 그게 좀 문제가 있었구나.'라는 것을 깨닫지만, 그 당시 상황에서는 그게 문제라는 것을 전혀 깨닫지 못했었죠. 그리고 하기 싫은 일할 때요. 그건 저뿐만이 아니라 상당수의 사람이 그렇겠지만, 가만히 앉아 있지 못하고 손발을 계속 움직이고 몸을 꿈틀거리게 되는 거죠. 심심할 때도 손가락 마디를 꺾어서 막 소리를 내고 그렇게 돼요."

"그래서 엄마가 좀 집중하라고 그렇게 나부대지 좀 말라고 그랬는데, 나한테 왜 그러는지 그때는 몰랐다는 얘기죠. 상황에 맞지 않게 과도하게 막 뛰어다니고 벽에 오르니까 많이 혼났었죠."

♡ 나에겐 '몸하고 마음하고 따로' 노는 거예요

"다른 사람들이 나의 몸짓에 대해서 산만이라고 이름을 붙였다면, 똑같은 상황에 대해 나 스스로한테 '몸 따로 마음 따로'라고 이름을 붙일 수 있을 것 같아요."

"그렇게 한 이유가 뭐냐면 내가 생각하는 '몸 따로 마음 따로'라는 의미는 어디에 집중하고 싶은데 마음이 다른 데로 가 있다는 거지요. 제어를 해 줘야 되는 상황인데 몸이 자기 맘대로 움직이는 거예요. 나의 뇌가 옳은 말을 해서 내가 제대로 제어가 되게 해 줘야 되는데 그게 안된다는 거죠. 그럴 때 사람들이 까분다고 이야기를 하지만, 나는 내 몸하고 마음하고 따로 논다는 느낌이라고 이야기하고 싶어요."

"좀 더 자세히 이야기를 하면 뇌에서 안 시킨 것 같고 어떤 다른 힘이 막 이렇게 움직이게 한다는 느낌이랄까요? 나의 의지가 기억도 안 나게 돼요. 그래서 몸하고 마음하고 따로 움직이는 그런 느낌이라고 표현하고 싶어요."

"구체적인 예를 들면, 주변에 자극이 오면 가만히 있고 싶은데 자꾸 거기에 반응을 하게 되는 것, 그것이 적절한 표현인 것 같아요. 나의 마음은 반응을 안 하고 싶지만, 몸은 알아서 벌써 반응하고 있는 상태겠죠. 내가 여기에 집중하고 싶은데 마음은 막 다른 데로 가 있는 거예요. 마음에서는 이게 아닌데 몸은 막 자기가 알아서 움직이고 있는 상태예요. 원래 그러고 싶지 않은데 자꾸 그렇게 되면 마음이 참 안 좋죠."

"학교에서 수업 중에 돌아다니면 안 되는데 돌아다니는 것이죠. 초등학교 때는 '수업 중에 돌아다니면 안 되는데.'라는 그 마음 자체도 없었어요. 그때는 그런 개념이 없으니까 그랬던 거지요. 내가 마음을 잡고 '그러지 말아야겠다.'라고 느껴서 잘하고 싶지만 몸하고 막 따로 노는 거죠. 내 생각은 거기에 없는 것 같은 느낌이에요."

"그러니까 초등학교 1학년 아이한테 '너 움직이지 마라.'라고 이렇게 얘기했을 때, '아, 움직이지 말라고 그랬는데.'라는 생각은 하지만, 그 아이는 벌써 몸을 움직이고 있는 거잖아요. 이럴 때 몸하고 마음하고 다른 거죠. 한 가지 예로 테이블에 이렇게 물이 있어요. 제가 물컵 앞에 있고요. 저는 '물을 마셔야지.' 하고 생각을 하고 있는데, 제 몸은 벌써 현관 앞에서 신발을 신고 나가려고 준비를 하고 있는 그런 상태인 거예요. '마음보다 몸이 먼저 나가 버리는 거죠.' 그럴 때 내가 적절하게 제어가 안되는 그런 상태를 말하는 거예요. 사람들이 그럴 때 산만이라고 하지만 산만보다는 정말 나는 나의 몸하고 마음하고 따로 움직이는 상태인 것이 나의 입장에 더 적절하다고 볼 수 있겠죠."

♡ 산만과 '몸 따로 마음 따로' 사이에 오해가 생겨요

"사람들한테 산만해 보이는 행동이 나한테는 몸하고 마음하고 따로 노는 행동이라고 했는데요. 내가 경험하는 '몸 따로 마음 따로'의 경험이 다른 사람들에게는 오해로 전달된다는 거예요. 더 답답한 것은 다른 사람이 나의 행동을 오해했을 때 그게 아니라고 해명을 해야 하는데 내가 서투니까 또 다른 오해로 반복되는 악순환이 되어 버리고 말아요."

"한 가지 예로 학기 초에 선생님이 엄마한테 전화해서 나에게 문제가 있다고 이야기를 했죠. 근데 내가 그렇게 문제가 있는 것은 아닌데……. 정말 억울하지만 엄마도 선생님 얘기를 듣고 나를 문제아로 생각한다는 거예요. 내가 학교에서 떠드니까요. 선생님이 나를 심각하고 문제 있는 아이로 본 거예요. 나의 부산함에 의한 몸 따로 마음 따로 행동들이 선생님에겐 문제아로 전달된 거지요. 선생님이 나를 문제 있는 애로 그렇게 몰아가게 되면 친구관계에서 오해가 시작돼요. 그 전에 친했던 애들 같은 경우에는 내가 원래 문제아가 아니라는 것을 알고 있지만, 학기 초에 처음 만난 친구들은 선생님이 말한 것만 듣고 나를 아주 이상하게 생각하기도 한다는 거예요."

"물론 수업시간에 떠들고 부산하니까 내가 생각해도 아이들한테 좀 문제가 있게 보일 수도 있었을 것 같아요. 음, 그렇다고 뭐 애들을 다 모아 놓고, 나 '이상한 애' 아니라고 설명할 수 있는 것도 아니고……. 이럴 때 나를 잘 알리는 방법이 있으면 좋겠다 생각을 하곤 해요. 이런 상황에서 오해를 받기도 하거든요."

"그리고 내가 관심이 있는 어떤 거에 대해서 대화를 할 때요, 내가 관심 있는 부분에 대해서는 집중을 잘하는데요. 관심에서 벗어난 대화를 할 때는 좀 집중하기 힘든 부분이 있어요. 그럴 때 의도적으로 집중하려고 하지만 몸이 마음하고는 다르게 딴짓을 하게 돼요. 그럴 때 상대방 입장에서 봤을 때는 건성으로 듣는다고, 잘 듣지 않는다고 화를 내요. 물론 내가 잘 안 들은 것도 있겠지만, 나도 잘 들으려고 진지하게 노력해도 안 들리는 부분의 문제도 있거든요. 그럴 때 그런 오해 상황을 어떻게 설명해야 할지 무척 난감해요."

"다른 경우에는 내가 순서를 잘 못 지키다가 새치기할 의도는 아니었는데, 상대방이 보기에는 새치기하려고 보이는 그런 상황 있잖아요. 중학교 때 급식시간에 줄 서 있을 때, 다른 데에 정신이 팔려서 뒤에 줄 서 있는 거 못 봤을 때 상대방이 너 왜 새치기하냐고 화를 내요. 그럴 때 나 새치기한 거 아니라고 얘기는 하지만, 상황적으로는 새치기한 것처럼 보이게 된 거죠."

"학교에서 단체 수업 때 애들하고 배드민턴을 치고 있었어요. 내가 방향을 잘 보고 힘 조절을 했어야 하는 건데 그러지 못했어요. 어떤 애의 가슴에 공이 맞은 거예요. 나는 일부러 그러려고 한 건 아닌데 '왜 사람한테 공을 맞추냐.' '너 장난식으로 그러면 안 된다.' '기분 나쁘다.'라면서 막 이렇게 몰아세우니 졸지에 꼴이 우습게 된 거죠. 배드민턴 공에 집중하고 날아오는 것을 잘 봤어야 되는 건데 제가 놓친 거죠."

"그래서 그럴 때 참 많이 속상했는데, 지금도 어떻게 나를 표현해야 되는 건지를 모르겠어요. 나의 의도와는 상관없이 의심을 받아서 나 자신에게 화도 나고 사람들한테 화도 나니까 점점 소심해져요. 애들이 나를 이상하게 생각하면 어떡하나 생각해서 점점 친구관계에 끼지 못하고 겉돌게 돼요."

5. 이 세상에 나만 있는 느낌이에요

ADHD 청소년들은 내면에 섬세하고 예민한 감각을 지니고 있는데, 그 예민함을 말과 행동으로 표현하는 것을 힘들어한다. 이들은 자신의 행동이 의도와 달리 오해되는 상황 때문에 대인관계에서 부정적인 경험을 하게 된다. 이들은 '나의 힘듦을 표현할 수 없어 힘들다.' '학교 가기 싫고 살아서 뭐 하나 하는 생각이 든다.' '친구에게 이야기를 못 하니 쌓아 놓고 산다.' '어디 풀 때도 없어서 쌓아 놓게 되니 스트레스가 된다.' 등의 이야기를 통해 자신의 감정을 공감받지 못하는 부분에 대한 답답함을 호소하고 있다. 이런 상황들은 그들을 더욱 위축되게 만들어 대인관계에서 적극적으로 나서지 않게 한다. 또한 상대방이 적극적으로 다가와도 가식적으로 대해 준다는 왜곡적 사고를 하게 된다. 이것은 나만 미움을 받는다는 생각, 나를 무시한다는 생각을 만들고, 사람을 믿을 수 없다고 생각하게 만든다. 그리하여 대인관계에서 거리를 두게 되고 스스로 자신만의 세상을 구축하게 되어 이 세상에 혼자만 있는 것 같은 생각과 부정적인 감정의 악순환을 경험하게 된다.

특히 청소년기에 친구관계는 소속감의 충족을 위해 반드시 필요하다. 청소년기에는 친구가 자신을 이해하고 받아들이는 것을 경험하고 고민을 털어놓게 된다. 친구관계는 가족이 아닌 사회를 경험하는 대인관계의 첫 관문이라고 할 수 있다. 그러나 그들은 친구와의 관계에서 많은 어려움을 경험한다. 이런 어려움은 또래들에게 그들과 다르다는 이유로 '왕따'를 당하는 경험을 많이 하고, '초등학교 때도 애들이 노는 데 안 끼워 줬다.'라는 이야기처럼 어릴 때부터 상처가 되는 경험을 한다. ADHD 청소년들은 사람들을 믿을 수 없고 언제 배신당할지 모르니 경계를 해야 한다는 생각을 갖게 된다.

　더욱이 가족 내에서는 엄마에게 다가가고 싶은 마음이 있어도 자신이 과잉행동과 주의집중의 어려움 때문에 실수를 많이 했다고 생각한다. 자신이 의도하지는 않았으나 엄마에게 오해로 전달되는 행동들에 대해 어떻게 대처해야 할지 모르는 상태에서 오랜 시간 문제를 방치하는 바람에 감정의 골이 깊어져 단절이라는 방법을 택하게 되었다는 것을 알 수 있었다. 이러한 감정의 골은 엄마가 자신으로 인해 힘들어하는 것을 알지만, 다가가기에는 너무 큰 마음의 상처가 있어서 세상에 혼자 남겨진 것 같은 단절과 외로움을 만들어 내고 있었다. 이를 그들의 이야기에서 살펴보면, 어머니에게는 있는 그대로의 자신의 모습을 온전하게 이해받고 보듬어지는 것을 원하고, 친구에게는 무엇인가를 공유하고 소속감을 얻기를 원했다. 하지만 주변 사람들은 ADHD 청소년들에게서 드러나는 행동에 대해 부정적인 반응을 보이고 정작 그들의 내면은 이해하지 않으려고 한다.

♡ '뒷북' 맞는 느낌이에요

"친구와 관련된 이야기예요. 친구는 나와 비슷한 부분을 찾으면서 관계가 형성되는데, 나는 그렇지 못하다는 얘기예요. 나 같은 경우에는 대인관계가 서툴러서 친구 사이에 어색한 관계를 만들기도 하고, 또 나의 행동이 오해를 만들어 외톨이가 되는 경우도 많거든요. 내가 다른 아이들과 다르게 행동하니까 친구들도 좀 어려워하는 부분이 있어요. 내가 잘못 행동해서 친구들을 사귀어도 금방 잃어버릴 것 같다는 생각을 하게 돼요. 그리고 실제로도 친구관계가 오래 가지도 못하고요. 애들하고의 관계에 많이 신경을 쓰는 데도 잘 어울려지지 않아요. 내 입장에서는 친구들한테 정말 잘해 주고 싶은데 나의 서투른 태도로 애들이 등을 돌릴 때 정말 뒷북 맞는 느낌이 많이 들어요."

"예를 들어, 대부분의 ADHD 아이들은 초등학교 시기부터 유사한 문제를 경험해요. 초등학교부터 애들이 노는 데 안 끼워 주는 것 같은 거요. 이런 것이 위축감을 만들어 내고, 위축감은 친구들이 다가와도 적극적으로 나서지 못하게 만들어요. 같이 놀다 어느 순간 점심시간에 자기들끼리 밥을 먹고 그럴 때 점심시간에 혼자 밥 먹는 느낌이 굉장히 비참하거든요. 이럴 때 아이들한테 뒷북 맞는 그런 느낌이 드는 거예요. 나에게 잘해 주는 친구가 있을 때 예전에 뒷북 맞은 경험이 떠오르며 사람을 믿을 수 없게 돼요. '애는 또 왜 나한테 잘해 주나?' 의심하면서 나의 마음을 보여 주지 않게 돼요."

"그리고 다른 애들은 친구들하고 같이 등교하는데 저만 혼자 등교하고 그럴 때 뭐라 그럴까 아무튼 뒷북 맞는 느낌이랄까, '차라리 앞에서 이야기를 하지 내가 뭘 잘못했나?' 하는 생각이 들면서 마음을 열지 못하고 거리를 두게 되는 것, 나 스스로 친구들하고 거리를 두는 부분도 있는 거 같아요."

♡ 주홍 글씨처럼 낙인이 돼요

"초등학교 때 왕따당한 그 충격을 아직까지도 잊을 수가 없어요. 그건 정말 낙인이에요. 사람들이 나만 미워한다는 그 느낌을 떨칠 수가 없다는 거죠. 나도 막 다른 사람들을 무시해 버리고 싶었고, 사람들에게 상처받은 느낌, 외로운 느낌, 무시당하는 느낌은 정말 괴로운 거예요. 그리고 그런 왕따의 기억이 계속 저한테 영향을 미쳐요. 지금도 다른 사람들한테 먼저 다가가는 게 힘들고 사람들을 전혀 믿지 않게 되었어요."

"그래서 낙인이라는 표현을 '주홍 글씨'라고 표현했어요. 이게 정말 '주홍 글씨'가 될 만큼 큰 낙인인가, 좀 슬픈 마음이 들기도 해요. 친구 사이에 왕따 문제는 ADHD 청소년들만의 문제는 아니거든요. 하지만 나 같은 경우에는 ADHD 증상으로 인해 왕따 경험을 하는 거라서 대처능력도 떨어지고, 갈등을 만회할 기회가 적어진다는 거예요."

"예를 들어, 초등학교 때 당한 왕따가 아직도 나에게는 충격인데요. 왕따를 당했던 소문이 돌아서 아이들이 계속 안 놀아 주는 거예요. 그런 소문 때문에 더 안 놀아 줄 때는 정말 참담한 마음이 들었어요. 직전 학년 반에서 왕따였다는 소문이 돌면 새 학년이 되어서도 안 놀아 줘요. 뭐, 상급 학교에 가도 같은 학교 아이들이 계속 같이 올라가니까 계속 안 놀아 주었거든요. 결과적으로 친구들이 나를 괴롭힌다는 생각을 떨칠 수가 없어요. 내 생각에는 왕따는 확실히 낙인인 것 같아요. 그럴 때 나도 모르게 다른 사람을 무시해 버리고 싶고, 내가 당한 만큼 그들한테 상처를 주고 싶은 그런 마음이 들어요."

"나도 비슷한 경험을 했는데요. 그나마 내가 왕따 경험을 극복할 수 있었던 것은, 멀리 이사 가서 고등학교를 새로운 학교에서 시작했기 때문이에요. 처음에는 위축되는 느낌도 있었지만 상담선생님이 '너 스스로를 왕따시키지 말아라!'라는 말을 해 줬어요. 아마도 상담선생님은 과거 경험 때문에 나 스스로 마음의 벽을 만든 것을 말씀하신 것 같아요. 다행히 교회에서 단체 활동을 시작했거든요. 나를 반겨 주는 소속감이 나에게 사람에 대한 자신감을 갖게 했어요. 그런 자

신감이 어설프지만 학교 친구들에게 다가갈 수 있었고, 조
금씩 친구를 사귈 수 있었어요."

♡ 내 마음에 차곡차곡 '돌벼랑'을 쌓아요

"돌벼랑이라는 거는요, 돌담을 말하는 것이거든요. 그것
을 한꺼번에 쌓는 게 아니라 하나씩 하나씩 차곡차곡 쌓아
가는 의미의 그런 말이에요. 내 마음에 그런 돌벼랑의 돌담
이 쌓여 있는 것이라고 보시면 될 것 같아요."

"나 자신은 약을 먹어야 될 정도로 심각하다고 생각하지
않지만, 솔직히 말하면 나의 행동이 반드시 병이 아니라는
확신도 없어요. 그런 부분에 있어서 답답함을 느끼고 어떨
때는 내가 정말 문제가 있는 건가, 어디까지가 문제가? 혼란
스러움을 경험할 때가 많이 있어요. 그런데 이런 혼란을 이
야기할 때가 없어요. 너는 정상이라고 누군가 위로해 주면
좋겠는데 주변에 아무도 없어요."

"이런 마음이 들 때는 다른 사람은 몰라도 적어도 부모님
은 내 모습을 있는 그대로 봐 주기를 희망해요. 음, 어떤 의
미인가 하면 물론 내가 집에서 부모님하고 형제관계에 잘
못한 부분들이 있어요. 엄마에게 오해를 사고 그러면 그것
이 해결되지가 않아요. 그럴 때 엄마는 맨날 그딴 식이라고
말해요. 그렇게 얘기할 때, 나도 억울할 때가 있는데 그것을

어떤 식으로 해결해야 할지 모른다는 것이죠. '나는 원래 그런 애야.' 이런 식으로 생각하면서 오해가 있어도 해결 못하는 상처들이 내 마음에 남아요."

"그런데 이런 경험의 문제가 한 순간의 문제가 아닌 시간을 두고 차곡차곡 쌓인 감정의 문제라는 것이죠. 어느 순간 돌아봤을 때 엄마가 나를 이해하지 못하고 아빠가 나를 이해하지 못했어요. 그걸로 나는 너무 많이 상처를 받았고, 내가 상처받은 만큼 부모님이랑 거리감이 있어요."

"음! 그런 거죠. 몸 따로 마음 따로의 경험이 내가 의도하지 않은 결과들을 만들어 내잖아요. 그 의도하지 않은 행동에 대해서 엄마의 오해를 풀고 싶기도 하지만, 어떤 방법으로 해결해야 할지 되게 난감할 때도 많아요."

"하지만 엄마도 지치셨잖아요. 엄마가 감정이 폭발해서 나한테 상처가 되는 말을 하면 내 마음에 차곡차곡 상처가 쌓이게 돼요. 초등학교 때는 모르고 막 당했는데, 이젠 나도 청소년기가 되어 사춘기가 오면서 나만 혼자 있는 것 같은 느낌, 막 분노 감정도 쌓이고, 소라가 껍데기 안에 자신의 몸을 숨기는 것처럼 나도 꼭꼭 숨어 버리게 돼요."

"이런 부모와의 갈등이 계속 생기게 되고, 시간이 지나면서 계속 축적되면 표현되지 않은 갈등이 많이 있게 되죠. 엄마는 엄마대로 되게 힘드시겠죠. 근데 나도 나대로 힘들어요. 이제는 다가가고 싶어도 그동안의 부정적인 감정이 너무

많고, 감정의 골이 너무 깊어서 다가가기가 힘들어요. 엄마
한테 다가가고 싶은데 어떻게 해야 할지 잘 몰라서 그래요.
막상 다가가려니 무섭기도 해요. 이제는 엄마가 먼저 이야기
를 시도하려고 하는데 내가 끊어 버리는 경우도 있고요."

"워낙에 그래 왔었고 구차하게 변명하기도 그러니까 내
쪽에서 먼저 닫아 버리는 게 되죠. 내가 철이 들고 나니까
엄마도 나 때문에 되게 힘들었을 걸 알아요. 엄마는 엄마대
로 힘들고 나는 나대로 힘들고 그렇게 서서히 단절되는 것
같아요."

6. 포기해요. 그냥 습관이 되어 버려요

인터뷰에서 만난 ADHD 청소년들은 ADHD의 핵심 증상인
과잉행동과 산만함, 충동성 등으로 인한 어려움으로 상당 부
분 적응한 청소년들이었다. 이들은 '굳이 나서서 알리려고 하지
않는 게 습관이 되어 버렸어요.' '대충하지 뭐, 어차피 내가 해
도 못하는 건데 노력한다고 뭐가 달라지겠어요.' 등의 이야기
를 통해 이들이 자신의 문제를 체념하거나 그냥 습관으로 받
아들이는 방법을 터득했음을 알 수 있었다. 특히 ADHD 청소
년들 중 몇몇은 입시를 경험하고 상급학교에 진학하거나 준비
중이었는데, 이들의 이야기를 살펴보면 상급학교에 진학하기

위해 입시공부를 할 때, 열심히 할 수 있는데도 하지 않는 습
관을 가지게 되어 공부를 하지 않아 후회하는 이야기들을 전
하고 있다.

♡ 나의 몸이 습관으로 길들여져요

"나의 행동들이 그냥 습관이 되어 버려요. 습관은 우리 몸
을 통해서 길들여지는 거잖아요. 워낙 주의집중에도 문제가
있고, 산만해지는 문제도 있고 그러다 보니까 계속 혼나는
것을 경험하게 되고요. 한편으로는 숙제나 공부를 잘해 보
고 싶고 그런 마음이 나도 있어요. 그런데 원래 잘해 본 적
이 없으니까 하고 싶어도 어떻게 해야 하는지 잘 모르는 상
황이 되죠. 그러면 더 연습을 하거나 해야 하는데, 어차피
못하는 거니까 하면서 나 스스로 못한다고 포기해 버리는
습관이 생겨요. 습관이 되어서 오히려 그렇게 되어 버리는
경우도 있다는 거예요."

"한 가지 예로 방학을 했는데 개학식이 언제인지 모르는
거예요. 그래서 엄마가 '넌 어쩜 개학식이 언제인지도 모르
고 오냐.' 이렇게 얘기를 했어요. 사실 담임선생님이 개학식
이 언제라고 이야기하셨을 텐데 그것을 내가 놓친 것이죠.
그럴 때 보통 아이들 같은 경우에는 자기가 개학식을 모르

는 것에 대해서 '언제였지?'라며 걱정해야 하는데, 저 같은 경우에는 내가 원래 잘 듣지 못해서 그런 거니까 '때가 되면 다 알겠지. 보통 일주일 지나면 다 아는 거 아냐? 굳이 지금 알 필요가 뭐가 있나?'라고 하면서 내 행동에 대해서 합리화 하는 그런 태도가 습관이 되는 거죠."

"뭐 숙제 같은 것도 처음에는 정말 뭘 해야 할지 모르는 상황이었거든요. 처음에는 몰라서 못하다가 나중에는 해서 뭐 하나 어차피 해도 모르는 건데 하면서 안 하게 된다는 거 예요. 지금 커서 생각해 보면 '내가 공부를 좀 해야 했구나.' 하고 공부의 필요성을 느끼고 다시 하려고 시도하지만, 공부하는 습관이 안 들어서 정말 하고 싶어도 안되는 경우가 있어요."

"굳이 나서서 알려고 하지도 않고 내가 '아휴, 집중이 안돼 서 그렇지.'라고 하며 이런 식으로 대충하고 넘어가는 것이 처음에는 어려움으로 느껴지다가 나 스스로가 '난 원래 그 래.'라고 생각을 하면서 노력하지 않고 습관으로 길들여지는 것을 말하는 거예요."

"그런 습관은 아무래도 집중을 잘 못하는 거니까. 안 하는 부분도 있지만 못하는 것이기 때문에 평소에 해야겠다는 필 요성을 크게 못 느낀다는 거죠. 원체 내가 이러니까 이런 식 으로 흘러간다는 거죠."

"이런 식으로 흘러가는 습관이 사람과의 관계에서도 나오는데요. 다른 사람의 이야기를 잘 안 듣는 때가 있어요. 저 사람이 무슨 얘기를 하는 건지 집중이 안될 때 그냥 대충 듣 거나 듣는 척하면서 안 듣는 경우도 있어요. 그런 것들이 다 할 수 있는 것임에도 나에게 습관으로 길들여져서 자연스럽 게 안 하게 되는 것들이라는 거죠. 정말 몸 따로 마음 따로 경험에 의해서 안되는 부분도 있지만, 그러한 것이 습관이 되어 버리고 체념하게 되는 거예요."

♡ 내 모습 그대로 인정받고 싶어요

"내가 좀 덜렁거리는 이런 문제가 있긴 하지만, 난 그것을 병이라고 생각하지 않는데 부모님은 그것을 너무 병으로 몰 아가는 것 같아요. 부모님은 특별히 나만 문제가 있다고 보 거든요. 덜렁대는 것은 나의 성격인데 그걸 자꾸 병으로 몰 아가는 것은 나를 정말 힘들게 해요. 그럴 때 다른 사람들은 몰라도 적어도 부모님은 내 모습을 있는 그대로 봐 주기를 희망해요."

"예를 들어, 개학날을 내가 잘못 알고 있었어요. 그러니까 엄마는 수업시간에 딴짓을 하니까 제대로 듣지 못한 거라고 뭐라 하셨어요. 엄마는 그런 문제를 대수롭지 않게 여기는 것 자체가 문제라고 해요. 엄마는 '내가 왜 그걸 잘못 알았을 까?' 하고 반성해야 하는데 심각하지 않다고 생각하는 것 그 자체가 문제라고 하세요."

"이런 엄마의 반응은 '내가 본의 아니게 다양한 사고를 치게 되니까 나에게 별로 기대하지 않는구나.' 하는 생각이 들어요. 엄마에게서 '아유, 내가 너한테 뭘 바라겠니? 사고나 치지 마라.' '너 또 거짓말하는 것 아니야?' '네가 나한테 그렇게 약속하고 안 지킨 게 한두 번이 아니잖아.' 이런 말들을 많이 들었죠."

"부모님에게 나는 맨날 사고만 치는 아이이기 때문에 부정적인 말들을 많이 듣지요. 엄마 아빠의 기대치에 못 미치는 아이가 되면서 '나는 아무리 노력해도 안되는구나.' 하는 생각을 해요."

"특히 차별받는다는 생각이 들 때는 더욱 화가 나요. 가족 내에서 차별을 통해 자존감이 낮아지는 걸 경험하면서 나도 엄마 아빠 마음에 드는 아이가 되고 싶은데, 그게 너무 멀리 느껴지기 때문에 자포자기하고 말을 더 안 듣게 되기도 해요. 엄마 아빠한테 보호받고 사랑받는 의미 있는 존재가 되고 싶다는 그런 이야기죠."

"예를 들어, 동생이 컴퓨터를 할 때 동생한테는 비밀번호를 알려 주시지만, 저한테는 안 알려 주시거든요. 나가시면서 '넌 시간 못 지키니까 하지 마.' '엄마 있을 때 해.'라고 말해요."

"물론 내가 실수를 많이 하는 부분도 있고 몰라서 실수하는 것도 있지만, 어떤 경우에는 정말 잘하고 싶은데 마음처럼 안 될 때도 많거든요."

"예를 들어, 내 친구들 수준이 다 너 같아서 그런다고, 너랑 노는 애들이 고만고만하고 너같이 그런다고 얘기해요. 나를 욕하는 것은 참겠지만 친구들을 욕하는 것은 정말 아니라고 생각해요. 그렇게 엄마 아빠가 던지는 부정적인 말에 상처를 입어요. 그런 부정적인 말들은 '나는 원래 그래.' '내가 아무리 잘해도 엄마가 나를 알아주겠어?' 그런 생각들을 하게 해요."

05

나에게도 성장은 일상적인 일, 남다른 관점이 필요할 뿐이야

이 글은 ADHD 청소년들도 성장하고 있다는 것을 인정하고, 주변에서 변화된 관점으로 지켜봐 주는 것에 대한 중요성을 저자의 생각을 통해 제시하고 있다.

우리가 이야기를 들어본 ADHD 청소년들은 ADHD라는 관찰된 '증상'으로 단정지어지며 주위의 부정적인 선입견을 감수해야 했다. 듀파울과 스토너(DuPaul & Stoner, 2003)에 따르면, ADHD의 진단에 사용되는 정신질환 진단 및 통계 편람(DSM)의 경우, ADHD의 증상과 관련한 행동이 타 증상과 유사하다는 것을 고려하지 않은 채 ADHD를 진단하고 있기 때문에 오류가 있다고 주장하였다. 증상을 유발하는 원인도 다르고 그에 따른 치료 방법도 다르며, 치료에 대한 반응이나 경과도 다른 이질적인 집단을 밖으로 드러나는 행동의 유사성을 근거로 하여 동일한 장애로 진단하는 단점을 지적하였다. 기존의 DSM에 근거하는 의학-질병모델은 그 질병이 환경과 어떻게 상호작용하는지를 고려하지 않는다. 환경이 질병의 원인으로 작용할 수 있다는 점을 고려하지 않기 때문에 실제 ADHD 청소년들이 처해 있는 사회·문화적인 맥락과 DSM에 근거한 진단이 일치하지 않을 수 있다. 이런 이유로 마그와 바사(Maag & Vasa)는 가정이나 사회적인 환경에서 ADHD 증상과 그에 따른 행동을 얼마나 수용하고 이해해 주는가에 따라 진단하는 방식과 병이 발생하는 빈도에 차이가 나타나게 된다고 하였다.

국내외의 많은 ADHD 관련 연구나 서적에서 ADHD를 의료적인 모델에 근거하여 원인을 규명하고 겉으로 드러나는 증상에 초점을 맞추고 있음을 알 수 있다. 상대적으로 연구기간이 적은 국내의 경우에도 증상의 원인을 규명하는 데 급급해 왔고, 증상으로 인해 어려움을 겪게 되는 대상자들의 경험이야기는 간과되어 ADHD 청소년들의 시각에서 그들이 직접 경험하는 세계를 탐구하는 데에는 한계가 있었다.

그러나 ADHD와 관련한 저자의 입장은 증상의 원인 규명보다, 그로 인한 어려움으로 이들이 경험하는 부적응이 무엇인지를 밝히는 것이다. ADHD 문제에 대한 적절한 개입(intervention)에 있어서 가장 중요한 것은 그들을 정확하게 이해하는 것이다. 저자는 이들을 좀 더 깊게 이해하기 위해 'ADHD 청소년들의 몸 따로 마음 따로 경험이야기'를 통해 그들의 이야기를 전달하려고 했다. 이들의 이야기를 통해 우리는 ADHD가 세상을 보는 또 다른 시선임을 알 수 있었으며, 그들의 내면에서 일어나는 혼란에 대한 이야기를 들었고, 대인관계에서 꿈틀대는 남다른 생각이 있음을 알게 되었다. 이는 이들에게도 다른 사람들에게도 성장은 일상적인 일이며, 남다른 관점이 필요하다고 이야기하고 있다. 우리가 ADHD에 대해 올바른 이해를 가질 때 이들의 어려움에 진정으로 다가갈 수 있게 될 것이다.

1. 꼬리표와 몸 따로 마음 따로

지금까지 그들의 이야기를 들어 보면 타인이 보기에 산만
해 보이는 자신의 행동에 대해 아무 이유 없이 산만해지는
것은 아니라고 하였다. 자신을 산만하게 만드는 외부적인
자극요인이 있기 때문에 산만해진다는 것이다. 산만하게 하
는 외부 자극요인으로는 '하기 싫은 일' '호기심이 생기는 일'
'정신이 없게 만드는 상황' 등을 제시하였다. 반면, 타인과의
관계에서 자신의 산만함을 지적받는 상황에 대해서는 '가만
히 있고 싶은데 나의 의도와는 다르게 몸이 움직이는 것' '여
기에 집중하고 싶은데 마음은 다른 데로 가 있음' '제어를 해
줘야 하는데 몸이 자기 맘대로 움직임' 등 몸하고 마음이 분
리되어 있어 불편하다고 호소하였다. 또한 그런 상황을 받
아들이는 입장에서 자신의 생각과 감정에 대해 '뇌가 안 시
키는 것 같다.' '나의 의지가 기억이 안 난다.' '내 생각은 거
기에 없는 느낌이다.' 등으로 표현하였다. 이런 이유로 그들
은 자신의 상태를 '몸하고 마음하고' 따로 노는 상태라고 표
현했고, '내가 나를 어떻게 하지 못해요.'라는 표현을 통해
본인 스스로 의도하지 않은 상황에 자주 노출이 된다는 것
을 표현하였다. 이런 어려움에 대해 주변 사람들은 부정적
인 반응을 보이고, 이는 이들의 어려움을 가중시키는 악순

환이 되어 점점 더 '외톨이'가 되는 상황을 만든다.

여기서의 ADHD 청소년들의 '몸 따로 마음 따로'는 자극을 받아들이는 지각 측면에 어려움이 있다는 것을 의미한다. 상황을 인지하는 능력에서 어려움을 호소한다는 것이다. ADHD 청소년들의 이러한 '몸 따로 마음 따로' 경험은 그들이 속한 환경에서 다양한 갈등 상황을 유발하게 된다. 자신들의 '몸 따로 마음 따로' 경험을 통해 큰 혼란을 경험하게 된다. 그러나 이를 올바르게 이해하지 못하고 타인의 입장에서 'ADHD'라는 '꼬리표'를 달아 주게 되면 그들 내면의 혼란스러움은 더욱 이해받지 못하고 증상으로 일축되게 된다. 이것은 낮은 자아존중감과 대인관계에서의 위축으로 연결된다.

쿨리(Cooley)의 거울자아이론을 참고하면, 자신의 존재를 거울에 비추어 그 반사 영상을 통하여 감지하듯이, ADHD 아동 및 청소년들도 주변인인 타인의 반응을 통해 앞서 제시되었던 사회 부적응 문제, 대인관계에서의 문제, 과도한 정서적 반응, 심한 감정 기복, 낮은 자아존중감 등의 피드백으로 자신을 부정적으로 인식하게 된다는 것이다. 이것은 그들이 원치 않는 상황에서 겪게 되는 부정적인 감정과 생각이 반복되어 대인관계에서 부적응적인 상황이 만들어지고, 이것이 성인이 된 후에도 사회생활의 어려움의 요소로 작용한다.

ADHD 청소년들은 생활에서 고착되는 인지오류로 경계 선상에서 끊임없이 타인이 나를 어떻게 볼까 하는 문제에 신경을 쓰고 있음을 알 수 있었다. 이들이 성장하여 겪을 수 있는 성인 ADHD의 어려움은 대부분 청소년기에 주의산만 과 과잉행동 및 충동성의 문제로 인해 야단을 맞거나 무시 당한 경험과 관련이 있다. 그러한 경험들이 쌓여 자존감의 저하와 정서적 단절을 만들고, 상황에 대한 지각적 오류를 통해 현실 검증력을 떨어지게 하면서 피해적 사고들을 만들 게 된 것이다. 성인이 된 이후에 사회생활의 부적응과 대인 관계의 문제를 호소하면서 정신과 진료를 받으러 오게 되는 경우를 볼 수 있다.

2. 공격성에 대한 이해

바클리(Barkley, 1990)는 ADHD 아동들이 사회적 상호작 용의 측면에서 중요한 타인들, 특히 아동의 어머니, 교사들 과의 대인관계에서 매우 부적절하고 공격적이며 문제를 많 이 일으키는 것으로 나타난다고 하였다. 특히 ADHD 청소 년들은 타인과의 단절 경험에서 오는 답답함을 토로하였다. 그 결과가 자신에 의해 생긴 문제라고 결정하면서 억울하지 만 체념하는 마음, 자신감의 저하, 대인관계에서의 불안함

등이 표현되지 못하고 몸에 불안감과 더불어 화가 난 마음
으로 체화되어 있다가 자신도 모르게 '욱'하고 튀어나온다고
하였다.

　대개 이들의 이런 문제가 충동조절의 힘듦으로 판단될 수
있지만, 단순히 충동조절의 문제가 아닌 ADHD 청소년들
의 입장에서 심도 있게 이해하는 마음이 필요하다고 하겠
다. 이야기를 들려준 ADHD 청소년들은 공격성을 표현하는
방법에서 폭력을 행사하기도 했지만, 자신의 감정을 제대로
표현하지 못하여 오히려 수동적인 공격 태도를 드러내기도
하였다. 증상으로 보는 이전의 관점에서 벗어나 그들의 모
습을 있는 그대로 보아 주는 것이 그들의 공격성을 이해하
는 첫걸음이라고 할 수 있다.

3. 관점의 전환

　증상으로 '꼬리표'가 달린 ADHD는 ADHD 청소년들에게
아무런 선택권을 주지 않는다. 그들은 주의력결핍의 문제를
가지고 있고 과잉행동을 하게 되며, 자극에 반응하여 충동
적으로 행동할 뿐이다. ADHD 청소년들의 이런 행동을 '증
상'으로 보고 ADHD라고 명명하는 관점은 그들의 행동을
'몸 따로 마음 따로'에서 기인한다고 인식하는 관점과 근본

적으로 큰 차이가 있다.

'ADHD'라는 꼬리표로 이들을 대하면 이들 자신은 삶을 살아가면서 나는 남과 다른 사람이고, 모자란 사람이라는 인식을 끊임없이 하게 된다. 그들은 자신을 심리적으로 문제가 있어서 일반인과 다르다고 생각하며, 그 다름에 대해서 무기력함을 호소하는 문제를 가지게 된다.

4. 삶의 주인공인 ADHD 청소년

라라(Lara, 2005)는 ADHD 아동 및 청소년들의 주의력 결함 문제를 '장애'가 아닌 '차이'로 받아들이면 오히려 자신의 재능을 찾고 개발할 수 있다고 하였다. 이는 그들 스스로 행동을 교정할 수 없으므로 다른 누군가가 올바른 이해를 통해 어려운 점을 도와주어야 변화가 일어날 수 있다는 것이다.

다시 말하면, ADHD 청소년들의 행동을 재능으로 바라보고 그들을 이해하는 입장은 일반인들이 어떻게 바라봐 주느냐에 따라 재능도 되고 문제행동도 된다는 것이다. 그러나 ADHD 청소년들의 행동이 재능이 되기 위해서는 그들이 겪는 상황을 그들의 입장에서 정확하게 이해하는 것이 우선되어야 한다. 그들의 강점을 이해하는 것은 환경을 바탕으로

한 어려운 여건 속에서도 잘 살아갈 수 있는 레질리언스를 강화하는 것처럼, ADHD 청소년들이 그들의 주의집중 문제로 인한 어려운 여건 속에서도 버틸 수 있었던 요소를 강화해야 한다.

그리하여 ADHD 청소년들이 그들의 행동을 통해 적응에 필요한 요소를 수용하고, 변화를 위한 동기유발을 만들어내는 상황에서 그들의 강점을 부각한다면, ADHD 청소년들이 자신을 삶의 주인공으로 생각하고 스스로 남들과 다른 재능을 발휘하게 되는 기회를 만들 수 있을 것이다.

5. 약물 복용에 대한 개인 의견

ADHD 청소년들의 행동을 재능으로 바라보고 약물 사용을 금하는 의견과 그들의 행동을 재능으로 바라보는 의견은 단순히 그들의 특성에 대한 이해에 근거하는 입장밖에 되지 않는다는 생각이다. 나아가 ADHD 증상에 약물을 사용하는 것에 있어서 '반드시'라는 말을 배제해야 한다. '반드시 약을 먹어야 한다'는 입장과 '약을 먹으면 안 된다'는 양측의 의견에 대해서 약물은 선택사항이지 '반드시' 먹어야 된다거나 먹으면 안 된다고 할 문제는 아니다. 단지 약물 사용의 효과를 경험한 청소년들은 보다 나은 적응을 위해 약물 복용을

선택할 수도 있지만, 부작용을 경험한 청소년들은 약물 복
용 대신 다른 대안을 찾을 수도 있다고 생각한다.

6. ADHD 청소년을 위한 프로그램 방향

현재 국내에서 시도되고 있는 ADHD 프로그램들은 사회
성 증진을 목표로 하는 집단프로그램이 대세를 이룬다. 주
로 ADHD 아동 및 청소년들은 인지기능의 1차적 어려움으
로 자극에 대한 주의집중의 문제를 호소한다. 이러한 어려
움은 주변 사건을 총체적으로 인식하는 것이 힘들고 시간
약속이나 사회 규범에 있어서 부적응의 문제를 유발한다.
상황을 감지하는 능력과 타인의 상황에 공감하는 능력의 혼
란은 ADHD 청소년들을 타인 앞에서 소심하게 만들고 위축
되거나 아니면 반대로 과잉행동과 충동행동을 강화하도록
한다. 이런 이유로 기존의 ADHD 프로그램들은 과잉행동과
충동성 통제에 초점을 맞추고 행동치료에 근거를 두었다.
이는 사회적 상황에 대한 학습을 몸으로 익히게 하는 사회
학습의 성격이 강하다. 이러한 프로그램들을 진행하는 사람
들은 모두 대상 아동 및 청소년에게서 관찰되는 문제행동에
만 치중하였지 이들이 어떤 상황에서 그와 같은 행동을 하
게 되었는지에 대해서는 이해가 부재하다.

따라서 프로그램 개입에 있어 ADHD로 보이는 상황에서는 그들 자신의 느낌을 이해하고, '몸하고 마음하고 따로 노는' 상황의 불편함을 해소하기 위한 개입이 우선되어야 하며, 이를 통해 행동을 완화할 수 있는 치료적 개입이 필요하다. 이를 위해 ADHD 아동 및 청소년들의 개입 프로그램을 진행하는 진행자들은 관점의 전환이 필요하다. 증상과 문제점에 대해 교정하기 위해 프로그램을 진행하는 것이 아니라, 그들의 상황이 무엇인지를 파악하여 그런 상황에서 ADHD 아동 및 청소년들이 어떤 생각을 하고 무엇을 경험하는지 이해해야 한다.

7. 사회의 구성원으로 유능감 배우기

ADHD 청소년들이 일반인과 다른 어려움을 가지고 있다는 것이 심각한 정신과적 질환을 의미하는 것은 아니다. 이것으로 인하여 사회적으로 차별받아야 되는 것이 아니며, ADHD 청소년들이 스스로 인식할 수 있도록 하는 것이 중요하다고 할 수 있다. 이를 위해 자신을 바라볼 수 있게 하는 연습은 그들이 경험하는 상황에 대해 보다 편안하게 느끼도록 하고, 이들을 위한 치료적 개입은 그들 자신의 마음가짐과 변화를 위한 동기유발로 이어져야 한다. 나아가 치료적 개입에 장애가 생겨서 문제가 되는 부분을 고친다기보다는 사회 구성원으로서의 자세를 배우도록 해야 한다. 타인과의 일상생활에서 타인을 배려하는 데 어려움이 있는 불편한 부분을 스스로 변화시키는 과정이라고 이해한다면, ADHD 아동 및 청소년들이 자신을 바라보는 인식에서 훨씬 자유로울 수 있다. 일반인들에게 문제행동으로 인식되는 그들의 행동도 모자라기 때문에 수정해야 하는 것은 아니다. 오히려 사회의 구성원으로서 타인을 배려할 수 있도록 자신을 변화시키는 과정이라고 볼 수 있다.

8. 부모님 관점 바꾸기

ADHD 청소년들은 자신이 처한 상황과 거기에서 느끼는 자신의 감정에 대해 자각하지 못하고, 타인에게 자신의 상황에 대해 표현하는 방법의 어려움을 호소하고 있다. 그러므로 부모는 ADHD 청소년들의 문제되는 행동이 고의성에 의한 것이 아닌, ADHD 청소년들도 노력하지만 본인의 의도와는 다르게 행동되기 때문이라는 것을 인식해야 한다. 상황에 대한 판단과 감정표현이 미숙함을 이해하고 ADHD 아동 및 청소년들을 훈육하는 방법에서 좀 더 감정적 지지를 해 주어야 한다.

또한 상황에 대한 지시를 체계적·단계적으로 구분지을 수 있도록 부모를 교육한다면, 부모의 이해를 높이고 ADHD 청소년들과의 의사소통에서 훨씬 효율적인 방법들이 모색될 수 있다. 이런 효율적인 방법을 바탕으로 하여 사회 구성원으로서 타인과의 공감력을 높일 수 있는 정서적 자극 교육을 해야 한다는 것을 부모에게 일깨워 주어야 한다.

9. 학교 선생님 관점 바꾸기

학교에서 선생님은 ADHD 청소년들을 일방적으로 이해하거나 배려하려는 태도를 취해서도 안 되고, 또한 그들의 행동을 무조건 문제행동으로 몰아가는 것도 바람직하지 않다. 이런 관점에서 보면, 그들이 무엇인가 노력한다는 것을 이해하는 태도는 그들을 대하는 태도에 큰 변화를 가져온다. 한 가지 예를 들면, 그들이 노력하고 있음을 이해하는 교사는 수업시간에 산만하고 집중이 안되는 학생에 대해 왜 수업을 안 듣느냐고 질문하기보다는 무엇이 불편하냐고 질문할 수 있을 것이다.

이렇게 자신의 불편한 상황을 알아차리는 시간을 주면 ADHD 청소년들은 어떤 자극 때문에 자신이 '몸하고 마음하고 따로' 노는 경험을 하게 되는지 자각하게 된다. 그러면 선생님은 그 자극을 없앨 수 있는 방법을 ADHD 학생들과 함께 모색해야 할 것이다. 이런 상황들은 ADHD 청소년들에게 학교생활을 잘 적응하기 위한 동기유발 방법으로 허용될 수 있다.

06

이론을 통해 증상의
악순환 이해하기

ADHD 증상이 사회적 관계 속에서 어떤 방법으로 부정적인 감정의
악순환을 만드는지 소개하는 장이다. 관련 이론의 소개를 통해 반복
되는 악순환을 설명하고 있다.

1. ADHD의 관점

ADHD를 이론적인 관점에서 정신병리적 관점과 사회심리적 관점으로 나누어 살펴보았다.

♡ 정신병리적 관점

의학적 모델에 기반을 둔 정신병리적 관점은 정신병리의 원인이 기질적 기능장애에 있다는 일반적 병인론(병의 원인을 연구하는 기초의학)을 기반으로 한다. 또한 신체적 질병과 마찬가지로 증상에 대한 진단 내용에 따라 정신병리적인 행동들을 분류하는 것에 초점을 둔다.

정신병리적인 행동들을 증상에 따라 분류해 놓은 DSM (APA, 2000)에 따르면, ADHD는 주의력결핍, 과잉행동, 충동성 등의 증상에 따라 진단한다. 또한 증상의 원인을 기질적 기능장애에 의한 뇌의 생화학적 불균형으로 본다. 이러한 불균형의 결과로 무언가에 집중하거나 충동을 제어하는 기능의 신경전달물질이 부족해진다고 보며, 불균형을 해결하기 위해 약물치료가 필요하다고 보는 것이 기본적인 관점이다.

DSM을 통한 ADHD의 개념

ADHD가 처음 묘사된 것은 100년 전 영국의 소아과 의사 조지 스틸(George Still)에 의해서이다. 1920년대에는 과잉행동의 원인으로 뇌염과 같은 뇌손상뿐만 아니라 홍역, 납중독, 뇌전증 등이 보고되면서 '기질성 나댐' '안절부절 증후군' 등으로 불리기도 하였다(Adler et al., 2007; Kahn & Cohen, 1934). 그 후 1970년대에 더글라스(Douglas, 1972) 등은 과잉행동보다 주의집중력과 충동조절이 더 큰 문제가 되며, 과잉행동은 사춘기가 지나면 감소하지만 여전히 집중력과 충동적인 성향은 남게 된다고 발표하였다. 1980년대에 DSM-Ⅲ에서 이 질환을 주의력결핍장애(Attention Deficit Disorder: ADD)라고 부르게 되었으나(APA, 1980), 과잉행동증도 무시할 수 없다는 반론들이 제기되면서 주의력결핍 과잉행동장애(Attention Deficit Hyperactivity Disorder: ADHD)로 바꾸어 부르게 되었다(APA, 1987).

이런 개정 과정을 거쳐 최근에 ADHD에 대해 조수철(1990)은 주의력결핍, 충동성, 과잉행동 등의 증후가 학령 전기 또는 학령기에 나타나고, 이러한 증상이 성인기로 확장되어 인지 · 정서 · 행동 면에서 장애를 동반하는 질환이라고 정의하였다.

ADHD의 행동적 증상

DSM에서는 ADHD의 주요 특성을 크게 주의력결핍, 과잉 행동, 충동성, 이 세 가지 행동적 증상으로 나누고 있다.

주의력결핍과 산만성은 주위 환경에 대해 이것저것 관심이 많아서 분주하고 산만한 반면, 어느 것을 꾸준히 하거나 제대로 마무리하지 못하는 것이 대표적이다. 수업시간에 선생님 말씀에 장시간 집중을 하지 못하고, 시험을 볼 때도 집중을 하지 못하여 자주 실수를 한다. 그런 문제로 높은 수준의 주의집중이나 기억을 요하는 과제에 어려움을 느끼고, 장기간의 반복과 기계적인 암기를 요구하는 것에는 속도가 느려서 수학과 같은 과목의 수행이 어렵고, 학습장애가 수반되기도 한다.

과잉행동의 문제는 자리에 가만히 앉아 있지 못하고, 부적절한 상황에서 지나치게 뛰어다니거나 기어오르고, 조용히 여가활동에 참여하거나 놀지 못하고 끊임없이 활동하거나 마치 무엇인가에 쫓기는 것처럼 보이며, 지나치게 수다스럽게 말하는 행동으로 나타난다(김삼섭, 1999). 부산스럽고 안절부절못하고 필요 없는 신체적 움직임이 많으며, 주의집중 문제와 맞물려 신체적 외상을 많이 입거나 주변의 기물을 파손하는 경우가 많다고 할 수 있다.

충동성이란 반응을 조정하기 어려워서 생각 없이 혹은 생각하기 전에 행동하는 경향성을 말한다. 기분 상태가 쉽게

변하고, 쉽게 흥분하여 떠벌리거나 재잘댄다. 그런 반면, 좌
절도 쉽게 느껴 사소한 일에도 좌절하고 무기력한 모습을
보인다. 충동성은 행동적 측면과 인지적 측면으로 나누어
설명할 수 있다. 행동적 충동성은 교실에서 큰 소리로 외치
거나 자신의 행동에 결과를 고려하지 않은 채 행동하는 것
이다. 이런 아동은 반복적으로 유발되는 실수 경험에도 불
구하고, 그에 대한 조정능력을 학습하지 못하여 같은 실수
를 되풀이한다. 인지적 충동성은 상황에 대한 비조직화, 성
급한 사고 등의 문제로 야기되는 충동을 의미한다(김미연,
2008).

ADHD의 부수적 증상

DSM에서 살펴본 행동적 증상 이외에 ADHD에서 나타나
는 부수적인 증상으로는 인지기능과 관련된 학습 문제, 정
서 문제, 대인관계 문제 등이 있다.

학습 문제는 ADHD 아동의 인지기능과 관련된다. ADHD
아동들이 대부분 정상적인 지능을 가지고 있는 것으로 미
루어 보아 이들은 인지기능이 떨어지기 때문이 아니라 인지
한 것을 상황에 적용하는 부분에서 과잉행동과 주의력결핍
등이 문제가 되어 어려움을 겪는다(Barkley, 1996; Sonuga-
Barke, 1994)고 한다. 학습 문제로 대두되는 점은 지적 잠재
력에 비해 학교 성적이 낮고 과제를 수행하는 능력이 매우

부족하다는 것이다. 또한 부주의와 충동성으로 인해 주의를 필요로 하는 과제 수행 시 정보처리 과정에서 순차적이고 논리적으로 과제를 조직화하지 못한다. 이러한 문제는 학습 과제가 어려워지는 초등학교 고학년부터 본인이 노력해도 학습의 효과가 오르지 않는 어려움을 호소하게 한다(Barkley, 1991).

정서 문제는 아동기부터 과잉행동과 주의력 부족으로 자신의 행동을 통제하지 못하여 주변 사람들로부터 부정적인 피드백을 듣게 되는 것이 원인이 된다. 이런 경험은 자기 자신에 대한 자존감을 낮게 하고, 좌절감과 우울감을 경험하게 한다. 또한 대인관계에서 부정적인 피드백을 당한 정서적 경험은 주변 사람들에 대한 서운함과 억울함이 분노감으로 지속되게 하여 반항적인 태도와 행동으로 드러나게 한다(Casey, 1996).

대인관계 문제는 부주의와 과잉행동, 충동성으로 인해 또래와의 놀이에서 기본 규칙을 지키지 못하거나 상대방을 배려하지 못하여 집단 따돌림을 당하는 것으로 나타나기도 한다. 이런 반복된 경험들은 주변 사람들과 원만한 관계를 형성하는 데 걸림돌이 된다. 또한 부모와의 관계에서도 이러한 문제가 만성적으로 지속되면, 성장하면서 학습 문제나 문제행동으로 불거지게 되기 때문에 관계가 더욱 악화되는 경험을 하게 된다.

♡ 사회심리적 관점

ADHD를 사회심리적 관점에서 바라보면, '장애'로 인하여 발생되는 문제의 대부분은 개인의 심리적 · 정신적 측면에 속하는 것이 아니라 장애를 가지고 있는 사람이 사회적으로 부적절한 상호작용을 받은 데에서 기인한다고 볼 수 있다. ADHD 증상을 경험하는 사람들은 주의집중하는 능력에 결함이 있다는 진단을 받을 수 있다.

그러나 주의집중하는 능력이 곧바로 사회적응능력으로 직결되는 것은 아니다. 주의집중에 문제가 있다고 해서 사회 적응에 장애가 있다고 바라보는 편협한 시각은 이들에 대한 차별을 양산한다. 사회심리적 관점에서는 ADHD 증상으로 인한 결함을 인정하면서도, 그 결함을 사회환경적 측면에서 어떻게 바라봐 주느냐에 따라 '장애'가 되기고 하고 '차이'가 되기도 한다고 보고 있다. 개인의 결함을 인정하고 일반인과 어떤 '차이'가 있다고 인정한다면, 개인은 자신에 대해 누구보다 제일 잘 알고 있으므로 이것은 본인의 자존감을 올리고 본인 스스로 강점을 개발할 수 있도록 하는 데 원동력이 된다.

라라(Lara, 2005)는 ADHD 아동 및 청소년들의 주의력결함 문제를 '장애'가 아닌 '차이'로 받아들이면서 오히려 자신의 재능을 찾고 개발할 수도 있다고 하였다. ADHD 아동 및 청소년들이 추상적인 책의 지식을 이해하기는 어렵지만, 직접적으로 관계하는 자연, 동물 등과는 오히려 더 감각적이고 유기적인 관계를 맺을 수 있다고 하였다. 또한 ADHD 증상에서 충동성은 순간적으로 여러 측면을 파악하는 능력의 바탕이 되어 오히려 창의성과 유머 감각으로 배양될 수 있다고 주장하였다.

정신병리의 전문가가 그들의 결함을 증상으로 진단 내릴 수는 있지만, 그 문제가 사회 적응에 '장애'가 될지 '차이'로서 극복할 수 있는 문제가 될지는 ADHD를 경험하는 사람들 스스로가 판단해야 할 문제이다. 그 어떤 전문가보다 자신의 문제를 제일 잘 알고 있는 것은 본인이기 때문이다. 그들 스스로 자신의 결함을 강점화할 수 있도록 돕기 위해서는 사회환경적 측면에서 그들의 결함을 인정하고 수용할 수 있어야 한다. 사회심리적 관점에서는 그 차이를 보완할 수 있는 사회환경적 개입의 중요성을 제기하고 있다.

2. 인지능력과 ADHD

앞에서 정신병리적 관점과 사회심리적 관점으로 바라본 ADHD의 증상에 대한 이해를 나누어서 살펴보았다. ADHD에 대한 이해가 관점에 따라 원인과 바라보는 시선에 차이가 많이 있음을 알 수 있었다.

최근 들어 국내외의 많은 ADHD 관련 연구가 ADHD를 의학적 모델에 근거하여 원인을 규명하고 있다는 것을 알 수 있었다. 또한 ADHD의 증상에 초점을 맞춘 연구들이 주류를 이루고 있었다. 국외에 비해 상대적으로 연구 기간이 적은 국내의 경우에도 증상의 원인을 규명하는 데 급급해 왔고, 증상으로 인해 겪게 되는 경험을 대상자들의 입장에서 밝히는 연구는 많지 않았다. 그런 이유로 기존의 관점에서는 ADHD 증상을 가지고 있는 청소년들이 주의산만, 과잉행동, 충동성 등의 행동을 하면 타인으로부터 문제행동이라는 취급을 받게 되었다.

이에 저자는 기존의 관점과는 달리 ADHD와 관련한 입장은 증상의 원인 규명보다, 그로 인한 어려움으로 이들이 경험하는 부적응이 무엇인지를 밝히는 것이 더욱 중요하다고 본다. 이런 관점이 필요한 것은 ADHD를 경험하는 사람들의 사회 적응을 위하여 어떠한 개입이 필요한지를 우선적으로 밝혀야 하기 때문이다. 따라서 ADHD를 경험하는 사람들을 관찰자의 입장에서 다룰 것이 아니라, 그들의 입장에서 타인에 의해 증상이라고 이름 붙여진 상황이 그들에게 어떤 영향을 미치는지 알기 위하여 그들만이 가지고 있는 이야기를 살펴볼 필요가 있다. 이를 위해 기존의 관점과는 다른 그들의 이야기로 그들의 경험과 어려움을 살펴보아야 그들을 좀 더 깊게 이해하고 도울 수 있기 때문이다.

따라서 ADHD 청소년들을 행위의 주체로 보고 당사자의 입장에서 무엇을 경험하는지 탐색해 보고자 하였다. 이에 저자는 증상이라고 이름 붙인 하나의 현상을 모리스 메를로 퐁티(Maurice Merleau-Ponty, 철학자)의 지각의 현상학적 관점에서 그들의 몸이 무엇을 체험하는지 탐색하려고 하였다. 지각의 현상학은 인간에게 가장 기본적이며 원초적인 몸으로부터 출발한다. 나의 몸이 기반을 두고 있는 생활환경에서 체험하는 경험을 통하여 어떤 개념을 만들기 이전에 몸이 먼저 체험하는 원초적인 의미를 발견하는 것이다. 여기서는 ADHD 청소년들의 이야기를 통해 '주의산만' '과잉행동' 등의 이름이 주어지기 이전에 그들이 경험하는 '있는 그대로의 것'을 알 수 있었다.

기존의 관점이 주로 ADHD 아동들을 관찰하여 그들의 증상을 규정하였다면, 저자는 ADHD 청소년들의 시각에서 그들이 경험하는 세계를 알아보았다. 즉, 인지적인 측면에서 증상으로 표현하는 과잉행동, 충동성, 공격성 등이 ADHD 청소년들의 어떤 부분과 관련되어 나타나는가를 살펴보았다. 또한 이것이 대인관계를 포함한 사회적 관계에서 어떠한 문제를 보이는지 알아보기 위해 인지 및 사회인지와 ADHD와의 관계를 통해 이를 이야기하고자 한다.

♡ 인지

인지의 개념

인지는 외부의 자극을 적절한 정보처리 과정을 통하여 전달받고 그것에 대해 인식하는 작용이라고 할 수 있다(두산동아, 1998). 좀 더 살펴보자면 인간의 지각이란 인간의 오관인 시각, 촉각, 후각, 청각, 미각을 통하여 자극을 감지하는 가장 원초적인 메커니즘이라고 할 수 있다. 인간은 외부로부터 들어오는 자극을 감각기관인 오관을 통하여 전달받고, 그 자극이 무엇인지 뇌에서 전달받아 해석하는 과정을 통해 주변 환경의 정보를 파악한다. 이렇게 전달받은 정보를 좀 더 넓은 개념으로 변형하고 정교화해서 저장하거나 인출하는 과정을 인지라고 말한다. 인지에는 주의집중, 기억, 문제해결, 창의적 사고 등 거의 모든 사고 과정이 포함된다고 할 수 있다.

인지의 요소 중 1차적 인지능력에는 지남력, 집중력, 기억력 등이 해당된다. 이런 능력 중 제일 큰 비중을 차지하는 집중력은 여러 자극에 반응하는 초점 집중력과 주의집중을 일정 시간 동안 유지하는 지속적 집중력, 여러 자극 중 하나의 자극에만 반응하는 선택적 집중력 등으로 나누어진다. 이러한 집중력은 과제 수행에 필요한 모든 정보를 나누어 두 가지 혹은 그 이상의 자극에 대해 유지하는 능력과 상황

에 따라 양쪽 자극 중 한쪽에 교대로 집중을 유지하는 능력
의 기본이 된다.

앞서 제시한 집중력을 바탕으로 좀 더 고차원적인 사고능
력을 갖게 된다. 지식이나 사실로부터 결론을 이끌어 내는
추리력과 그를 통한 개념형성능력이 여기에 해당되며, 이러
한 고차원적인 사고능력을 바탕으로 문제를 해결할 수 있는
능력을 갖게 된다. 이것은 문제해결을 위한 성공적인 실행
기능에 밑거름이 되고, 자신과 상황에 대한 정보처리능력
을 바탕으로 자기인식과 상황조망력을 갖게 된다. 즉, 집중
력은 단순히 자극에 집중하는 것만이 아닌 좀 더 고차원적
인 사고능력의 바탕이 된다. 이는 문제를 해결하는 능력에
도 영향을 미치고, 이를 해결하기 위한 실행능력에도 영향
을 미친다. 자신과 상황에 대한 올바른 인식을 통해 자기인
식과 상황에 대한 인식을 가질 수 있다는 것이다.

집중력의 관점이 아닌 다른 관점에서 인지는 기능의 측면
에서 크게 두 가지로 나눌 수 있다. 자극을 받아들이고 전달
하는 주의력과 기억력으로 구성된 인지기능과 사회적 정보
를 지각하고 해석 처리하는 사회 적응과 관련된 사회적 인
지기능이 여기에 해당한다. 인지기능을 세부적으로 살펴보
면, 1단계에는 집중력에 기반을 둔 1차적 인지능력이 있고,
그것을 토대로 2단계에는 추리력과 개념 형성 등 복잡한 차
원의 사고 과정을 요하는 능력이 있다. 그다음 단계에는 실

행기능과 자기인식, 상황을 조망하는 복합 과정에 대한 능력이 있고, 이전 단계보다 고차원적인 분류가 이루어진다.

인지에 대해 인지능력과 기능의 측면에서 살펴보았다면, 인간의 이러한 인지의 과정은 발달단계와 함께 단계별 성취가 이루어진다고 볼 수 있다. 장 피아제(Jean Piaget)의 인지발달이론을 참고하면 자극에 대해 반응을 보이는 감각운동기(영유아가 세상을 감각과 운동을 통해 이해하는 단계)를 거쳐 상징적 표현과 언어 훈련 등을 통해 인지에 유의한 변화가 발생하는 전조작기(자기중심적 사고를 가지며 사물의 외관에 의존하여 상황을 판단하는 단계)를 맞이하게 된다. 학령기에 해당하는 구체적 조작기(사물 간의 관계성을 통해 사고를 확대하는 단계)를 통하여 구체적인 사물이나 상황에 대한 보존 개념(사물의 차례나 모양이 바뀌어도 그 특질은 유지된다는 개념)을 획득하게 되고, 한꺼번에 여러 개의 차원을 고려하는 융통적 사고를 배우게 된다.

이러한 인간의 인지발달과정과는 달리 ADHD 아동들의 경우에는 ADHD의 문제가 단체 활동을 시작하는 학령기인 구체적 조작기에 많이 나타나므로 이 시기에 ADHD 아동들의 주의집중 문제는 구체적 조작기의 발달과정의 과업에 영향을 미치게 된다. 발달과정상 청소년기에 해당하는 형식적 조작기(구체적이지 않은 추상적인 사상이나 개념에 대해 논리적, 체계적, 연역적으로 사고할 수 있는 단계)에 이르러서는 사고의 성숙, 자신의 경험을 넘어서는 미래에 대한 예측, 자신이 처한 상황을 비추어 조직화하는 과업을 달성하게 된다. 그러나 ADHD 청소년들의 경우에는 청소년기 이전의 발달 단계에서 과업 달성에 어려움을 겪었기 때문에 형식적 조작기인 청소년기에 상황 적응의 혼란을 경험한다. 이것은 ADHD 청소년들이 초등학교 시기에는 주의집중과 과잉행동 등의 문제로 과제나 활동 수행의 어려움을 호소하고, 중학교 시기에는 산만함과 상황 판단의 어려움, 상황 대처의 어려움으로 낮은 자존감의 문제를 호소하는 것과 발달과정상의 과업이 일치함을 알 수 있다.

이렇듯 ADHD 청소년들은 발달과정에서 인지 과업의 어려움으로 인지장애를 경험하게 된다. 이들이 경험하는 인지장애의 공통적인 문제는 주의집중의 문제로 인해 선택된 부분만 지각하는 것과 충동적인 행동으로 인해 지속적으로 주의를 집중할 수 없는 상황에서 기억력 결핍, 한정된 어휘력, 상황파악능력의 결여를 보일 수 있다는 점이다(이만홍 외, 1999; Schwartz, 1978). 특히 상황파악능력은 자극에 대해 통합적으로 접근하는 능력과 관련되는데, 주의집중의 문제로 한정되거나 한쪽으로 치우친 인지 과정은 적절하게 문제를 해결할 수 없는 상황에서 사회적응력의 약화를 초래하여 사회적 기능 저하를 만든다(Cameron, 1951; Schwartz, 1978). 즉, ADHD 청소년들은 발달과정에서 과업 달성에 어려움을 겪고 청소년기 적응의 혼란을 경험하는 것으로 이어진다.
이는 적절하게 문제를 해결하지 못해 사회에 적응하는 능력
을 약화시킬 수 있다는 것이다. 또한 성인기의 부적응 문제
로 이어질 수 있다.

ADHD와 인지장애

앞서 살펴본 바와 같이 ADHD 청소년들의 경우에는 주의
집중의 문제로 인지장애를 갖게 되는데, 이것은 지속적으로
주의를 집중해야 하는 상황과 그들이 극복하기 힘든 스트레
스 상황에서 더욱 문제로 두드러지게 된다.

또한 인지장애의 또 다른 증상으로 개념 형성의 어려움을
들 수 있다. 개념형성능력은 추리력과 연관되어 있으며, 물
체와 그들 사이의 관계를 분석하는 능력이다. 이것은 집중
의 문제로, 이로 인해 집중을 지속적으로 유지하지 못하거
나 선택적인 집중의 문제로 인지오류를 경험하게 된다. 또한
그에 따른 부정적 사고를 지나치게 강조하면서 새로운 개념
형성을 위한 인지를 나누어 보는 작업이 이루어지지 못한다
(Cameron, 1951; Schwartz, 1978). 이러한 인지장애는 문제를
적절하게 해결할 수 없도록 하여 결국에는 전반적인 사회적
응력의 약화를 초래하게 된다. 최근에는 인지장애가 사회기
능의 결여를 가져오고, 이것이 곧 비효율적인 사회적응력을
갖게 한다는 연구들이 있다(최태규, 1987; Bellack, 1992).

2. 인지능력과 ADHD **153**

따라서 여기서는 ADHD 청소년들의 인지기능이 사회기
능에 미치는 사회적 인지에 대해 좀 더 깊게 살펴볼 필요가
있다.

ADHD와 학습장애

바클리(Barkley, 1996)에 따르면, ADHD 아동들의 학업 수
행과 관련하여 약 40%가 특수교육을 받고 있다. 이들은 읽
기, 셈하기에 특별한 어려움을 드러내기도 하고, 운동 협응
력이 떨어져 쓰기에 문제를 드러낸다고 한다.

이런 ADHD 아동들의 저조한 학업 성취에 대해서는 아직
까지 명확하게 이유는 밝혀진 바가 없다. 인지적 병인론을
주장하는 학자들은 ADHD의 핵심 증상들이 학업 성취에 필
수적인 문제해결능력의 발달을 저해하고, 상위 수준의 개념
화를 가로막는다고 주장한다. 동기적 요인을 강조하는 저자
들은 ADHD 아동들에게 학업에 실패한 경험은 자기존중감
을 낮추고, 성취욕을 저하시키는 원인이 된다고 주장한다.
물론 인지적인 과정과 동기적인 과정이 동시에 작동할 수도
있다(Campbell & Werry, 1986).

또한 기억력 면에서 살펴보면 기억능력이 없는 것과 기억
할 자료에 주의를 기울이지 못하는 것을 구분해야 한다. 자
극 목록이 비교적 짧거나, 자극을 의미 있는 방법으로 묶을
수 있으면 ADHD 아동들의 기억은 손상되지 않을 수 있다.

그러나 기억해야 할 자극의 수가 많아지면 기억 수행은 저하된다(Wilmschurst, 2014). 특히 ADHD 아동들은 과제가 점점 어려워지면 더 노력을 하는 것이 아니라 오히려 집중하려는 노력을 덜 하고 효율적이지 않은 기억 책략을 사용하기 때문이다(Campbell & Werry, 1986).

다음으로 살펴볼 부분은 상황을 이해하는 고차적인 사고의 과정인데, ADHD 아동들은 저조한 수행능력을 보인다. 수행 과제에 비일관적인 방식으로 접근하고, 비효율적인 문제해결 책략을 사용하는 것이 원인이다(Wilmschurst, 2014). 그리고 ADHD 아동들은 부주의의 문제로 모든 자극을 체계적으로 지각하지 못한다. 또한 새롭고 충격적인 자극으로 관심을 옮겨 가기 쉬우므로 복합적인 자극이 공존하는 상황에서 상황을 총체적으로 조망하는 능력은 낮다고 할 수 있다. 즉, 명확하게 밝혀진 바는 없지만 여러 가지의 원인으로 저조한 학업 성취를 보이고 있으며 또한 상황을 총체적으로 조망하는 능력 또한 낮다고 할 수 있다. 이들이 보이는 이러한 어려움들이 청소년기에 어려울 수 있는 학습의 어려움을 넘어서서 대인관계의 어려움으로 이어진다고 할 수 있다.

♡ 사회인지

사회인지의 개념

사회인지는 본인의 몸을 통하여 들어오는 사회적 메시지를 정확한 지각을 통해 타인과 관련된 문제로 인식하고 정의하는 과정이다. 이 과정은 정보처리원에 근거하여 연속적인 단계를 거치게 된다. 먼저 사회적 자극에 대한 지각이 이루어지고, 이렇게 지각된 사회적 단서들은 이전에 획득된 정보와 비교하여 의미를 부여받게 된다. 그리고 부여된 의미에 따라 다음 단계의 반응을 선택하게 되고 실행에 옮기게 된다(정선영, 2001).

사회인지가 사회에 적응하는 데 필요한 기능이라는 점에서 사회기술과 유사해 보인다. 그러나 사회인지는 뇌의 고차원적 기능과 연결되는 개념이며, 사회기술은 심리사회학적 의미를 가지고 있는 점에서 다르다고 할 수 있다(김창윤 외, 2000).

또한 월리스와 분(Wallace & Boone, 1983)은 사회인지에 대해 본인의 인지 과정을 통해 인식되는 사회적 메시지를 정확하게 지각하여 타인과 관련된 문제로 인식하고 정의하는 과정이라고 말하였다. 그러나 ADHD 아동들은 주의력 결핍으로 인해 중요한 사회적 자극과 중요하지 않은 사회적 자극을 구별하지 못한다. 중요하지 않은 정보를 걸러 내지 못한 상태에서 과부하된 자극들은 새로운 자극과 함께 ADHD 청소년들을 혼란스럽게 만든다. 이런 인지기능의 장애는 사회인지장애로 이어진다. 이런 이유로 인해 ADHD 청소년들은 주변 사람들로부터 '분위기 파악을 못한다' '눈치가 없다' '엉뚱하다' '요령이 부족하다'는 등의 부정적인 말을 듣게 된다. ADHD 청소년들은 혼란스런 상황에서 어디에 초점을 두어야 할지 모르는 상태가 되어 수행능력과 대처력의 부족을 보이게 된다. 이로 인해 극심한 스트레스를 경험하고, 자기 자신에 대해 낮은 자존감을 갖게 된다.

ADHD 청소년들은 타인에게 받는 부정적인 피드백으로 인해 점차적으로 상황을 제대로 인식하지 못하게 되는 인지오류를 경험하고, 부적응의 문제와 함께 대인관계에서의 어려움을 토로한다. 즉, 사회인지는 인간이 자신이 소속된 사회에서 자신과 타인을 인식하여 사회생활을 하는 데 필요한 인지능력이다. 하지만 ADHD 청소년들은 인지능력의 부족으로 상황을 제대로 인식하지 못하게 된다는 것이다. 이로 인해 부적응과 대인관계에서의 어려움을 겪을 수 있다. 이런 이유로 ADHD와 사회인지와의 관계를 좀 더 명확히 살펴볼 필요가 있다.

ADHD와 사회인지

ADHD 청소년들은 한꺼번에 모든 정보가 동시에 들어와

주의집중에 어려움을 가지며, 동시에 들어오는 정보를 선택
적으로 구분하기 어렵다. 중요하지 않은 정보를 거르지 못
한 상태에서 과부하된 자극들은 ADHD 청소년들을 더욱 혼
란스럽고 산만하게 만든다. 또한 어디에 초점을 두어야 할
지 모르는 상태에서 자신이 지각하고 경험한 것에 대해 혼
돈을 느끼게 된다(이만홍 외, 1999). 따라서 ADHD 청소년
들은 자신의 기존 경험을 새로운 상황에 적절하게 잘 적용
하지 못하기 때문에 사회적 자극을 통합적으로 받아들이지
못한다. 특히 자신들이 대처하기 힘든 낯설거나 과도한 스
트레스 상황에서는 더욱 심해지게 된다(Melby, Schmidt, &
Corrigan, 1990).

ADHD는 행동의 어려움만이 아니라 2차적 문제로 사회적
손상의 문제가 많이 나타난다. ADHD 아동들은 사회적 관
계와 관련된 문제행동 때문에 어려움을 경험하게 된다. 특
히 ADHD 아동들은 타인의 감정이나 생각을 이해하고 사
회관계를 형성하고 유지하는 데 중요한 역할을 하는 사회적
조망을 수용하는 능력 및 정서를 인식하는 능력이 부족하
기 때문이다. 그리하여 일상생활에서 대인관계와 사회적 상
황을 지각하는 데 많은 어려움을 경험하고 있다(배도희 외,
2004; 온싱글, 김은정, 2003).

실제로 ADHD 아동들은 또래관계에서 충동적인 행동을
자주 한다. 또한 대인관계에서 주변의 자극에 적절하게 반

응하지 못하기 때문에 친구들로부터 미성숙하고 공격적이며 파탄적인 아동으로 인식되어 거부당하기 쉽다(Coleman & Lindsay, 1992). 또한 사회적 관계에서 또래 집단에 적응하지 못하고 무시당하거나 거부당한 아동들은 원만한 대인관계에 필요한 사회기술을 발달시키거나 실행할 기회가 점차 줄어들게 되면서 어려움을 겪고, 이는 원활한 또래관계를 경험하지 못하게 되는 것으로 나타난다.

나아가 사회적 상호작용의 측면에서 중요한 역할을 하는 타인들, 특히 아동의 어머니, 교사들과의 대인관계에서도 매우 부적절하고 공격적이며 문제를 많이 일으키는 것으로 나타났다(Barkley, 1990). 교사들의 지속적이고 부정적인 피드백은 아동의 사회성 발달에 부정적인 영향을 미친다. 그 결과로 ADHD 아동들의 자존감은 낮아지고 우울감이 생길 수 있다(정순찬, 2005). 더 나아가서 이러한 문제는 청소년기와 성인기까지 지속되어 대인관계에 부정적인 영향을 미치게 된다(한은선, 1999).

앞서 살펴본 바와 같이, 사회적 상호작용 속에서 상황을 적절하게 읽어 내지 못하는 사회인지의 어려움은 대인관계에서 의사소통을 위한 언어적·비언어적 행동의 이해와 공감력에 어려움을 느끼게 한다. 또한 사회적 수행을 위한 과정에서 어떻게 행동해야 하는지 수행지각을 혼란스럽게 한다. 즉, ADHD 청소년들은 사회적 조망을 수용하는 능력 및 정서를 인식하는 능력이 부족하기 때문에 대인관계에서 어려움을 겪으며, 부정적인 타인의 반응을 통해 자존감이 낮아지는 것을 알 수 있다. 이를 인지기능과 사회기능 간의 관계로 좀 더 면밀히 살펴봄으로써 이들이 겪는 어려움이 단순히 그들 개인만의 문제가 아님을 알아보고자 한다.

인지기능과 사회기능의 관련 이론

사회기능의 단계는 미시적인 사회기능단계와 거시적인 사회기능단계로 나누어진다. 미시적인 사회기능은 직접 볼 수 있는 사회 적응에 필요한 사회기술을 말한다. 그러나 거시적인 사회기능은 일반적으로 볼 수 있는 사회기술만이 아닌 대인관계에서 필수적인 사회적 역할과 같이 복잡한 사회적 과제를 수행하는 전체적인 것을 의미한다. 다시 말하면 미시적인 사회기능단계는 적절한 반응이나 상황 인식 같은 기술을 의미한다면, 거시적인 사회기능단계는 이 기술들을 포괄하여 사회적 역할을 하기 위한 전체를 말한다.

기존의 ADHD 이론이 ADHD의 증상에만 집중하였다면, 최근 이루어지고 있는 연구에서는 인지기능의 장애가 사회기능 약화의 한 요인이 될 수 있다는 인지적 관점의 연구들을 널리 받아들이고 있다. 이에 따라 인지기능에 대한 연구와 함께 사회기능을 향상시킬 수 있는 연구가 많이 이루어지는 추세이다(Bargh, Chen, & Burrows, 1996).

이런 추세에서 이루어진 인지적 관점의 ADHD 연구들에
서는 앞의 사회기능의 단계에서 보는 관점에 따라 기본적인
인지기능을 미시적인 개념에서는 사회기술 장애로 보고 있
고, 거시적인 개념에서는 사회기능 장애로 보고 있다(최태
규, 1987; Bellack, 1992). 즉, 인지기능 장애는 정보처리 과정
의 문제인 주의력장애, 기억력장애, 개념형성능력 장애 및
사회적 인지기능에 문제가 생기는 것으로 본다. 이는 나아
가 거시적인 개념인 사회기능 장애에 영향을 미치게 된다.
이런 인지기능의 장애는 빈약한 사회기술, 비효율적인 문제
해결 대처 등의 문제를 일으키며 행동에 장애가 초래된다고
한다. 그래서 인지기능과 사회기능은 그들이 가지는 위계적
인 질서 안에서 주변 환경의 다양한 영향을 받으며 서로에
게 영향을 미치게 된다. 즉, 인지기능이 사회기능과의 관계
에서 미치는 영향을 설명하는 이론으로 악순환 모델과 파급
모델을 통해 살펴보고자 한다. 이를 통해 인지기능의 어려
움이 사회기능에 미치는 영향에 대해 좀 더 잘 이해할 수 있
고, 이를 ADHD의 인지장애가 거시적인 사회기능단계인 복
잡한 사회적 과제를 수행하는 전체적인 부분에 영향을 미치
는 것을 이해할 수 있다.

이런 여러 가지 이유로 인해 ADHD를 증상이 아닌 그들
이 겪는 인지적인 어려움에 주목해야 하는 이유가 되며, 이
를 다른 사람의 시각이 아닌 그들의 경험에 비추어 이해해

야 하는 이유가 된다. 또한 대인관계에서 겪는 부정적인 주
변의 반응들이 어떻게 악순환의 고리를 만들게 되는지를 이
해하는 과정도 중요하기 때문에 다음에서 그 내용을 면밀히
다루고자 한다.

• 악순환 모델

악순환 모델의 기본적인 가정은 인지기능과 사회기능 간
에 순환이 있다는 것에 기초한다. 이런 순환은 크게 두 가
지로 나누어서 발생하는데, 첫 번째 순환에서 기초적인 인
지기능의 부족이 좀 더 높은 인지 과정을 방해하고 이는 다
시 기초적인 인지기능 과정에도 부정적인 영향을 미친다.
즉, 하위 인지기능에 해당하는 주의집중의 문제가 상위 인
지 과정을 방해하고, 새로운 개념을 지각하는 것을 힘들게
하거나 왜곡하게 한다. 이런 상황이 반복되면서 인지가 되
는 과정에서 오류를 만들어 내고, 동시에 새로운 자극에 대
한 인지기능을 방해하여 악순환을 반복하게 한다. 나아가
두 번째 순환에서 인지기능의 장애는 좀 더 높은 차원인 사
회기능에 필요한 대인관계 대처기술의 획득을 방해한다. 이
런 과정을 거쳐 인지에 어려움이 있는 ADHD 청소년들은
대인관계 대처의 어려움을 겪게 되고, 이들을 사회적 스트
레스에 노출시키게 된다. 사회적 스트레스를 피하기 위해
ADHD 청소년들은 고도의 각성 상태로 자극에 예민하게 되

고, 이는 다시 새로운 자극에 대한 주의집중능력의 부족과 지각의 장애를 유발하는 악순환을 끊임없이 반복하게 된다.

다시 말하자면 인지기능의 장애는 사회적 인지기능에 부정적인 영향을 미치게 된다. 결국 이런 영향은 미시적 사회기능인 통상적 사회기술력을 낮추고, 사회기술력의 저하에 이어 사회 부적응을 발생시킨다. 이런 과정을 거쳐 사회적 관계에서의 역할과 같이 복잡한 사회기능을 담당하는 거시적인 사회기능에까지 영향을 미치며, 반복되는 사회 부적응의 악순환을 만들게 된다(이만홍 외, 1999).

• 파급 모델

파급 모델은 인간 행동의 모든 단계에 순서가 있고, 상호 관련된다는 가정에 기초한다. 이 모델에 따르면, 주의집중의 결손으로 인해 주변의 상황을 인지하는 체계에 손상을 입게 되면 이런 외부의 정보를 처리하는 과정에도 손상을 주게 됨으로써 자신의 행동을 만들어 내고, 이를 발전시키는 데 심각한 장애를 가져온다는 것이다.

파급 모델은 다음과 같은 세 가지 가정을 제시한다. 첫째, 인지체계의 손상으로 인해 다양한 수준의 행동조직이 결여된다는 것이다. 둘째, 한 수준 위인 다른 수준들의 기능에 결정적인 영향을 미친다는 것이다. 셋째, 다양한 행동수준이 위계적인 구조를 가지고 상호 연관되어 있다는 것이다(이만홍 외, 1999).

이런 관점에서 ADHD 청소년들은 인지기능장애의 파급
효과로 인해 상위 수준의 기능장애를 가지게 된다. 첫째, 주
의집중력과 지각력의 장애로 통합적인 주의집중력과 선택
적 주의집중력 그리고 정확한 지각능력 등에 인지기능장애
를 유발한다. 둘째, 인지적 수준에서 새로운 개념이나 과거
의 경험을 현재의 상황에 통합할 수 있는 능력에 장애가 발
생하여 다음 수준의 기능장애로 이어진다. 셋째, 사회기능
장애의 하위 수준인 사회기술이나 상황에 대한 전후관계 파
악 능력에 어려움이 발생한다. 넷째, 사회기능장애의 상위
수준인 사회적 역할에 있어서 복잡한 과제를 수행하는 능력
에 장애를 갖는다. 즉, 하위 수준인 주변의 자극에 대한 인
지에 어려움을 겪는 ADHD 청소년들은 상위 수준인 과거의
경험과 현재 상황을 통합하는 능력, 사회기술이나 사회적
상황에 대한 어려움에 영향을 미치고 있으며, 이는 결국 사
회적 역할에서 복잡한 과제를 수행하는 능력에 어려움을 겪
게 된다는 것이다. 따라서 인지기능의 한계가 성인이 되어
사회적 기능 수행에 부정적 어려움으로 연결되지 않기 위해
서는 ADHD 청소년들 스스로 레질리언스를 가질 수 있도록
자신을 진정으로 이해하는 자세가 필요하다.

또한 이러한 레질리언스 과정은 ADHD 청소년들 혼자서
노력해서 되는 부분이 아니다. 앞장에서 제시된 바와 같이

주변 사람들이 증상이라는 '꼬리표'가 아닌 '몸하고 마음하고' 따로 노는 어려운 여건 속에서도 자신의 삶을 위해 노력하고 있는 부분을 지지하고 격려해 주어야 한다.

📖 참고문헌

국내

곽금주, 김민화(1999). 사회정보처리 능력의 발달. 한국심리학회지: 발달, 12(1), 1-13.

김미연(2008). 놀이와 게임을 활용한 주의력 향상 훈련을 적용한 ADHD 아동의 단일 사례연구. 진주교육대학교 대학원 석사학위논문.

김삼섭(1999). 통합교육을 위한 교육의 재구조화. 국립특수교육원 국내세미나 자료집, 69-121.

김성은(2007). 유아의 언어능력에 따른 또래 간 요구전략 및 반응기술. 성신여자대학교 대학원 석사학위논문.

김연희, 고명환, 서정환, 박성희, 김광석, 장은혜, 박시운, 박주현, 조영진(2003). 주의력 향상에 중점을 둔 한국형 컴퓨터 인지재활 프로그램의 효과. 대한재활의학회지, 27(6), 830-839.

김영천(2008). 질적연구 방법론. 서울: 도서출판 문음사.

김정애(2008). 주의력 결핍 과잉 행동 장애 아동의 문제행동과 사회 정보 처리 과정의 특징. 중앙대학교 대학원 석사학위논문.

김창윤, 이창화, 김지선, 이철, 김성윤, 홍진표, 한오수(2000). 한국형 포괄적 증상 및 병력 평가 도구의 신뢰도. 정신병리학회지, 8(2), 198-205.

두산동아(1998). 동아 새국어사전. 서울: 동아출판사.

박노암(2001). 주의력결함-과잉행동 장애아동의 정의적 특성 연구. 동아대학교 대학원 박사학위논문.

배도희, 조아라, 이지연(2004). ADHD 아동과 우울한 아동의 얼굴표정 및 음성을 통한 비언어적 정서인식능력. 한국심리학회지: 임상, 23(3), 741-754.

송미영(2007). 주의력 결핍 과잉 행동(ADHD) 학생의 시민성 이해. 한국교육대학교 대학원 석사학위논문.

신경림, 조명옥, 양진향(2004). 질적 연구 방법론. 서울: 이화여자대학교 출판부.

신경화(2008). 이야기 구성도 훈련이 ADHD 아동의 이야기 이해 및 이야기 구성 능력에 미치는 영향. 단국대학교 대학원 석사학위논문.

신민섭, 오경자, 홍강의(1990). 주의력결핍 과잉 활동 장애 아동의 인지적 특성. 소아청소년정신의학, 1(1), 55-64.

안미영(1996). 대인관계에서의 오해 과정에 관한 모형. 한국심리학회지: 임상, 15(1), 54-76.

양해림(1999). 딜타이 정신과학의 이해와 인문학의 전망. 범한철학, 20, 131-150.

양해림(2000). 후설의 생활세계와 딜타이의 삶의 경험. 철학연구, 50(1), 135-159.

온싱글, 김은정(2003), 주의력결핍 과잉행동 장애 아동의 사회적 이해와 행동. 한국심리학회지: 임상, 22(4), 793-812.

유은정(2002). ADHD 아동의 언어적 특성에 따른 상호 작용 활동 의 화용론적 언어중재 전략 구안. 특수아동교육연구, 4(2), 121- 137.

이근호(2006). 현상학과 교육과정 재개념화 운동. 교육과정연구, 24(2), 1-25.

이남인(2005). 현상학과 질적연구방법. 철학과 현상학 연구, 24, 91- 121.

이만홍, 유계준, 이희상, 조현상, 안석균, 박소라, 서진환(1999). 정신 분열병의 통합 재활 치료. 서울: 하나의학사.

이정순(2005). 유아 어머니의 자녀양육 상담 요구와 상담 내용에 대 한 실태조사. 유아교육학회, 9(3), 151-170.

이현주(2005). 노인부부가구에서 치매 배우자를 돌보는 남편의 수 발 경험에 관한 연구: Giorgi의 현상학적 연구방법을 활용하여. 이화여자대학교 대학원 박사학위논문.

임혜숙(1996). 주의산만 아동에 대한 이해와 훈련 프로그램. 서울: 특수 교육.

장문선, 곽호완(2007). 성인 ADHD 성향집단의 하위근집 탐색. 한국 심리학회지: 임상, 26(4), 827-843.

정경은(2006). 주의력결핍 과잉행동 아동의 문제행동 특성에 관한 사례연구. 숙명여자대학교 대학원 석사학위논문.

정선영(2001). 지역사회 정신장애인을 위한 통합재활 프로그램의 개 발과 효과에 관한 연구. 이화여자대학교 대학원 박사학위논문.

정순찬(2005). ADHD 아동의 사회적 조망능력 향상을 위한 프로그 램의 탐색적 구성. 부산대학교 대학원 석사학위논문.

조민아(2008). 주의력결핍 과잉행동장애(ADHD) 아동 놀이치료의 현상학적 연구: 치료자-내담자 상호작용을 중심으로. 연세대학교 대학원 박사학위논문.

조수철(1990). 주의력결핍 과잉행동장애의 개념과 생물학적 연구.
소아청소년정신의학, 1(1), 5-26.

최태규(1987). 행동의 인식에 대한 상응구조. 창원대학교논문집, 9,
69-86.

한국상담심리학회(2010). 상담심리학 연구에서 질적연구방법의 적용과
실제. 한국상담심리학회 교육연수위원회.

한은선(1999). 주의력 결핍 과다활동 장애 아동의 사회기술훈련의
효과. 성균관대학교 대학원 석사학위논문.

국외

Adler, L. A., Spencer, T. J., Levine, L. R., Ramsey, J. L., Tamura,
R., Kelsey, D., Ball, S. G., Allen, A. J., & Biederman, J. (2008).
Functional Outcomes in the Treatment of Adults With ADHD.
Journal of Attention Disorders, 11(6): 720-7.

American Psychiatric Association (APA). (1980). *Diagnostic and
Statistical Manual of Mental Disorders III.* Washington, DC:
APA Press.

American Psychiatric Association (APA). (1987). *Diagnostic and
Statistical Manual of Mental Disorders III-R.* Washington,
DC: APA Press.

American Psychiatric Association (APA). (2000). *Diagnostic and
Statistical Manual of Mental Disorders IV-TR.* Washington,
DC: APA Press.

Armstrong, T. (1996). ADD: Does it really exist?. *Phi Delta*

Kappan, 77(6), 424-428.

Bargh, J. A., Chen, M., & Burrows, L. (1996). Automaticity of social behavior: Direct effects of trait construct and stereotype activation on action. *Journal of Personality and Social Psychology, 71*(2), 230-244.

Barkley, R. A. (1990). *Attention-deficit hyperactivity disorder: A handbook for diagnosis and treatment.* New York: Guilford Press.

Barkley, R. A. (1996). Attention-Deficit/Hyperactivity Disorder. In E. J. Mash & R. A. Barkley (Eds.), *Child Psychopathology* (pp. 63-112). New York: The Guilford Press.

Barkley, R. A., Fisher, M., Edelbrock, C. S., & Smalish, L. (1990). The adolescent outcome of hyperactive children diagnosed by research criteria: I. An eight-year prospective follow-up study. *Journal of the American Academy of Child and Adolescent Psychiatry, 29,* 546-557.

Barkley, R. A. Ph. D. (1991). The ecological validity of laboratory and analogue assessment methods of ADHD symptoms. *Journal of Abnormal Child Psychology volume 19,* 149-178.

Bellack, A. S. Ph. D. (1992). Cognitive Rehabilitation for Schizophrenia: Is It Possible? Is It Necessary? *Schizophrenia Bulletin, 18*(1), 43-50.

Bitar, P. M. (2004). The self-perceptions of adolescents with attention deficit hyperactivity disorder. Pittshurgh, Pennsylvania: The Duquesne University Press.

Blumer, H. (1969). *Symbolic interactionism: Perspective and method.* Englewood Cliffs, NJ: Prentice-Hall.

Bryman, A. (1988). *Quality and quantity in social research.* London: Macmillan.

Cameron, N. (1951). perceptual organization and behavior pathology. In R. R. Blake & G. v. Ramsey (Eds.), Perception: An approach to personality (pp. 283-306). New York: Ronald Press Company.

Campbell, S., Douglas, V., & Morganstern, G. (1971). Cognitive styles in hyperactive children and the effect of methylphenidate. *Journal of Child Psychology and Psychiatry, 12,* 55-67.

Campbell, S. B., & Werry, J. S. (1986). Attention deficit disorder (hyperactivity). In H. C. Quay & J. S. Werry (Eds.), *Psychopathological disorders of childhood* (3rd ed., pp. 111-115). New York: Wiley.

Cantwell, D. P. (1980). The diagnostic process and diagnostic classification in child psychiatry DSM-III. *Journal of the American Academy of Child Psychiatry, 19,* 345-355.

Casey, R. J. (1996). Emotional competence in children with externalizing disorders. In M. Lewis & M. Sullivan (Eds.), *Emotional development in atypical children* (pp. 161-183). Hillsdale, NJ: Erlbaum.

Coleman, W. L., & Lindsay, R. L. (1992). Interpersonal disabilities: social skill deficits in older children and adolescents. Their description, assessment, and management. *Pediatric Clinics of North America, 39*(3): 551-567.

Cooley, C. H. (1983). *Social Organization: A Study of the*

Larder Mind. State of Piscataway, New Jersey: Transaction Publishers.

Douglas, V. (1972). Stop, look, and listen: the problem of sustained attention and impulse control in hyperactive and normal children. *Canadian Journal of Behavioural Science/ Revue canadienne des sciences du comportement, 4*(4), 259–282.

DuPaul, G. J., & Stoner, G. (2003). *ADHD in the Schools: Assessment and Intervention Strategies* (2nd ed.). Chapter xix, 330 Pages. New York, NY: Guilford Press.

Ellis, A. (1962). *Reason and emotion in psychotherapy*. Secaucus, NJ: Citadel.

Ellis, A. (1976). The biological basis of human irrationality. *Journal of individual Psychology, 32*, 145–168.

Gilligan, C. (1982). *In a different voice*. Cambridge, MA: Harvard University press.

Giorgi, A. (1975). An application of phenomenological method in psychology. In A. Giorgi, C., Fischer & E. Murray (Eds.), *Duquesne studies in phenomenological psychology II* (pp. 82–103). Pittsburgh, PA: Duquesne University Press.

Greertz, C. (1973). *The interpretation of cultures*. New York: Basic.

Hazel Darline Bell. (1996). A study of the experiences of elementary principals who work effectively with students who have attention deficit hyperactivity disorder. Knoxville, TN: The University of Tennessee, Knoxville.

Kahn, E., & Cohen, L. H. (1934). Organic driveness a brain-stem syndrome and an experience. *The New England Journal of Medicine, 210,* 748-756.

Katherine Nell Mcneil. (2005). Through our eyes: The shared lived experiences of growing up attention deficit hyperactive disorder. Seattle, WS: Seattle University.

Klein, W. M. (1997). Objective standards are not enough: Affective self-evaluative, and behavioral responses to social comparison information. *Journal of Personality and Social Psychology, 72,* 763-774.

Kvale, S. (1996). *Interviews: An introduction to qualitative research interviewing.* 신경림 역(1998). 인터뷰: 내면을 보는 눈. 서울: 하나의학사.

Lara, H. W. (2005). *The gift of ADHD.* 양돈규, 변명숙 공역(2007). ADHD 아동의 재능. 서울: 시그마프레스.

Landau, S., & Milich, R. (1988). Social communication pattern of attention deficit-disordered boys. *Journal of Abnormal Child Psycology, 16*(1), 69-81.

Lather, P. (1986). A validity in qualitative research. *Harvard Educational Review, 17*(4), 63-84.

Levine, J. (2005). Mixing methods to learn "what works". New York, NY: Teachers College, Columbia University.

Loveland, K. A., & Tunali, B. (1991). Social scripts for conversational interactions in autism and down syndrome. *Journal of Autism and Developmental Disorder, 21,* 177-186.

Lyn, R., & Janice, M. M. (2002). *Readme first for a user's guide to qualitative methods.* 신경림, 고성희, 조명옥, 이영희, 정승은 공역(2007). 질적연구방법: 초보자를 위한 길잡이. 서울: 현문사.

Mathison, S. (1988). Why triangulate?. *Educational Reasearcher, 17*(2), 13-17.

Marshall, C., & Rossman, G. (1989). *Designing qualitative research.* Newbury Park: Sage.

Maryetta Theresa Healy. (2005). Coping strategies of successful college students with Attention deficit hyperactivity disorder. Argosy University.

Mayerhoff, B., & Ruby, J. (1982). Crack in the Mirror: Reflexive Perspectives in Anthropology. Philadelphia: University of philadelphia press.

Melby, C. L., Schmidt, W. D., & Corrigan, D. (1990). Resting metabolic rate in weight-cycling collegiate wrestlers compared with physically active, non-cycling control subjects. *American Journal of Clinical Nutrition. 52*(3), 409-414.

O' Donnell, J. P., McCann, K. K., & Pluth, S. (2001). Assessing adult ADHD using a self-report symptom checklist. *Psychological reports, 88*(3/1), 871-881.

Palmer, C. G. (2002). *College student-athletes' experience of living with attention deficit hyperactivity disorder (ADHD): A phenomenological analysis.* Missousia, MT: The University of Montana.

Reid, J. B. (1993). Prevention of conduct disorder before and after school entry: Relating interventions to developmental finding. *Development and psychopathology, 5*, 242-262.

Rita, W. N. (2000). Behaviors disorder of childhood (4th ed). Upper saddle River, NJ: prentic Hall.

Sam, S. F. (1998). The experience of adolescents with ADHD: A phenomenological study. Calgary, Alberta: The university of Calgary.

Schwartz, S. (1978). *Language and Cognition in schizophrenia: A review and synthesis.* In S. Schwartz (Ed.), Language and Cognition in Schizophrenia (pp. 237-276). Mahwah, NJ: Lawrence Eribaum Associates, Inc.

Semrud-Clikeman, M., Hynd, G. W., Lorys, A. R., & Lahey, B. B. (1993). Differential diagnosis of children with ADHD and ADHD/with co-occurring conduct disorder. *School psychology international, 14*(4), 361-370.

Sonuga-Barke, E. J. S. (1994). Annotation: On Dysfunction and Function in Psychological Theories of Childhood Disorder. *The Journal of Child Psychology and Psychiatry, 35*(5), 801-815.

Spiegelberg, H. (1982). *The phenomenological movement.* 최경호, 박인철 공역(1991). 현상학적 운동. 서울: 이론과 실천.

Tiziana Volpe. (2005). A phenomenological study of adolescents' lived experience of support for attention deficit hyperactivity disorder. Toronto, OT: University of Toronto.

Wallace, C. J., & Boone, S. E. (1983). Cognitive factors in the social skills of schizophrenic patients: Implications for treatment. N*ebraska Symposium on Motivation, 31,* 283-318.

Weiss, G., & Hectman, L. (1993). *Hyperactive children grown up*. New Yok: Guildford Press.

Weyandt, L. L. (2007). An ADHD primer. Mahwah, NJ: Lawrence Erlbaum Associates, Inc.

Wilmshurst, L. (2014). *Essentials of Child and Adolescent Psychopathology* (Essentials of Behavioral Science) 2nd Edition. New York: Wiley.

Zeigler Dendy, C. A., & Zeigle, A. (2003). *A bird's-eye view of life with ADD and ADHD: Advice from young surviors.* 김세주, 김민석 역(2007). 주의력결핍 과잉행동 장애의 이해: 성공적으로 극복한 젊은이들의 조언. 서울: 시그마프레스.

📖 찾아보기

인명

내용

저자 소개

오영림(Oh, young rim)

저자는 현재 용인송담대학교 사회복지학과 교수로 재직하고 있다. 평화종합사회복지관 지역사회복지팀에서 장애인 이동 목욕서비스, 발달장애인 통합지원서비스 등의 사회복지실천을 경험했으며, 그 후 인제대학교 상계백병원에서 의료사업가, 정신건강사회복지사로 근무하였다.

병원이라는 병리적인 현장에서 강점관점을 통한 역량기반 회복탄력을 배양할 수 있도록 클라이언트를 돕는 사회복지실천을 했으며, 질적 연구자로 거듭나는 단계를 거치면서 현상학을 통한 실존의 의미를 알아 가는 과정을 배우게 되었다.

세상을 바라보는 관점은 여러 가지이며, 사람과 사물은 존재 자체만으로도 각각 독특한 본질의 매력이 있고 다양성을 존중받아야 하는 대상임을 배우며 그 삶을 실천하고 있다.

ADHD 청소년의
몸 따로 마음 따로 경험이야기
Stories of ADHD Teenagers

2021년 5월 25일 1판 1쇄 인쇄
2021년 6월 1일 1판 1쇄 발행

지은이 • 오영림
펴낸이 • 김진환
펴낸곳 • (주) **학지사**

04031 서울특별시 마포구 양화로 15길 20 마인드월드빌딩
대표전화 • 02)330-5114   팩스 • 02)324-2345
등록번호 • 제313-2006-000265호

홈페이지 • http://www.hakjisa.co.kr
페이스북 • https://www.facebook.com/hakjisa

ISBN 978-89-997-2234-9 93180

정가 12,000원

출판 · 교육 · 미디어기업 **학지사**

간호보건의학출판 **학지사메디컬** www.hakjisamd.co.kr
심리검사연구소 **인싸이트** www.inpsyt.co.kr
학술논문서비스 **뉴논문** www.newnonmun.com
원격교육연수원 **카운피아** www.counpia.com